BODO BÖRNER

Organisation, Programm und Finanzierung
der Rundfunkanstalten im Lichte der Verfassung

Schriften zu Kommunikationsfragen

Band 4

Organisation, Programm und Finanzierung der Rundfunkanstalten im Lichte der Verfassung

Von

Prof. Dr. Bodo Börner

Direktor des Instituts für das Recht der Europäischen
Gemeinschaften und des Instituts für Energierecht,
Universität Köln

DUNCKER & HUMBLOT / BERLIN

CIP-Kurztitelaufnahme der Deutschen Bibliothek

Börner, Bodo:
Organisation, Programm und Finanzierung
der Rundfunkanstalten im Lichte der
Verfassung / von Bodo Börner. — Berlin:
Duncker und Humblot, 1984.
   (Schriften zu Kommunikationsfragen; Bd. 4)
   ISBN 3-428-05673-6
NE: GT

Alle Rechte vorbehalten
© 1984 Duncker & Humblot, Berlin 41
Gedruckt 1984 bei Buchdruckerei A. Sayffaerth - E. L. Krohn, Berlin 61
und Werner Hildebrand, Berlin 65
Printed in Germany
ISBN 3-428-05673-6

Inhaltsverzeichnis

A. Die Rundfunkfreiheit de curia lata (BVerfGE 57, 295) 9

   I. Problem 9

   II. Sachverhalt des Urteils 10

   III. Nichtigkeit des GVRS 10

      1. Erstreckung des Urteils nicht nur auf Hörfunk, sondern auch auf Fernsehen 10

      2. Vom Gericht offengelassene Fragen 11

      3. Fehlen einer gesetzlichen Regelung einiger Gegenstände 11

         a) Notwendigkeit einer Regelung durch das Gesetz selbst 11

         b) Notwendiger Inhalt einer gesetzlichen Regelung 13

            aa) Grundsatz: Bestimmung des allgemeinen Ziels, nicht aber besonderer Ziele und der Mittel 13

            bb) Ausnahme: Einige Präzisierungen 13

               α) Regelungsbedürftige Punkte bei Zulassung privatrechtlichen Rundfunks 13

               β) Insbesondere Verhinderung der Auslieferung des Rundfunks an einzelne Gruppen 13

      4. Inhalt einer gesetzlichen Regelung bei Fortfall der Sondersituation des Rundfunks 14

   IV. Folgerungen 15

1. Rundfunkfreiheit im Lichte des allgemeinen Freiheitsbegriffs ... 15

2. Organisation der Freiheit 18

   a) Binnenpluralistische und außenpluralistische Organisation 18

   b) Institutionelle und individualrechtliche Sicht 19

B. Verfassung und Rundfunkanstalten 21

I. Organisation und Programm 21

1. Ziel der Untersuchung 21

2. Die vier Postulate der Verfassung 23

   a) Erstes Postulat des Bundesverfassungsgerichts 23

   b) Zweites Postulat des Bundesverfassungsgerichts 26

   c) Drittes Postulat des Bundesverfassungsgerichts 26

   d) Viertes Postulat: non postulatum, sed postulandum de curia ferenda 26

3. Folgerung 37

II. Finanzierung 40

1. Gebühren 40

   a) Sachverhalt 40

      aa) Einzug und Höhe 40

      bb) Finanzausgleich zwischen den Rundfunkanstalten 43

   b) Wirtschaftliche Würdigung 43

2. Werberundfunk 46

Inhaltsverzeichnis

    a) Sachverhalt 46

    b) Wirtschaftliche Würdigung 47

        aa) Zeitliche Entwicklung der Einnahmen des Werberundfunks 47

        bb) Bedeutung für die Presse 52

    c) Verfassungsrechtliche Würdigung 55

III. Zusammenfassung 60

Literaturverzeichnis 62

Anhang 67

Anlage 1: Starck, Rundfunkfreiheit als Organisationsproblem, S. 27 bis 34 67

Anlage 2: Barsig, Die öffentlich-rechtliche Illusion, S. 40 bis 74 76

Anlage 3: ARD-Jahrbuch 1982, S. 182 und 279, Rundfunkanstalten und Gebührenpflicht 94

Anlage 4: ARD-Jahrbuch 1982, S. 301, Finanzausgleich der ARD 96

Anlage 5: ARD-Jahrbuch 1982, S. 304 und 305, Werbefunk-Umsatzstatistik 97

A. Die Rundfunkfreiheit de curia lata
(BVerfGE 57, 295)

I. Problem

Die politischen und rechtspolitischen Wünsche der Presse und des Rundfunks[1] im Hinblick auf die Regelung des Zugangs zu den „Neuen Medien" haben sich auszurichten an den Grenzen, die das Bundesverfassungsrecht setzt. Denn der einfache Gesetzgeber des Bundes und die Gesetzgeber der Länder sind an diese Grenzen gebunden, und eine Änderung der Bundesverfassung im Hinblick auf die neuen Medien steht nicht zur Diskussion. Demgemäß hat man dem Verfassungsrecht eine Schlüsselfunktion für die Realisierungsfähigkeit neuer Medien zugesprochen.[2]

Artikel 5 I 1 GG gewährleistet die Freiheit des Bürgers, in Wort, Schrift und Bild seine eigene Meinung zu äußern und zu verbreiten und die Meinung anderer zur Kenntnis zu nehmen, nämlich sich aus allgemein zugänglichen Quellen ungehindert zu unterrichten. Satz 2 gewährleistet die Pressefreiheit und die Freiheit der Berichterstattung durch Rundfunk und Film. Satz 3 verbietet eine Zensur.

Für die Auslegung der Vorschrift ist hier in erster Linie das sogenannte Dritte Fernsehurteil des Bundesverfassungsgerichts heranzuziehen.[3]

---

[1] Unter Rundfunk wird hier sowohl der Hörfunk als auch das Fernsehen verstanden. Vgl. auch unten A III 1. Zum Rundfunkbegriff allgemein Scheuner, Rundfunkfreiheit, S. 47 ff. m. N. Art. 1 des Staatsvertrages über die Regelung des Rundfunkgebührenwesens vom 5. 12. 1974 (vgl. NRW-Gesetz 8. 4. 1975, GV NW, S. 278) definiert: „Rundfunk ist die für die Allgemeinheit bestimmte Veranstaltung und Verbreitung von Darbietungen aller Art in Wort, in Ton und in Bild unter Benutzung elektrischer Schwingungen ohne Verbindungsleitung oder längs oder mittels eines Leiters."

[2] Stern, Neue Medien: Neue Aufgaben des Rechts?, S. H 48; Oppermann, JZ 1981, 721.

[3] Betreffend die Ablehnung des Antrages der Freien Rundfunk AG in Gründung auf Erteilung einer Sendelizenz, BVerfG 16. 6. 1981, BVerfGE 57, 295, 1. Senat. (Die beiden anderen „Fernsehurteile": Zweites Fernsehurteil vom 27. 7. 1971, BVerfGE 31, 314, 2. Senat, betreffend die Kompetenz des Bundes zur Erhebung von Umsatzsteuer auf die Rundfunkgebühren. Erstes Fernsehurteil vom 28. 2. 1961, BVerfGE 12, 205, 2. Senat, betreffend Gründung und Existenz der Deutschland Fernsehen GmbH.)

II. Sachverhalt des Urteils

Dem Dritten Fernsehurteil lag folgender Sachverhalt zugrunde:

Die Freie Rundfunk AG in Gründung (FRAG, Klägerin) hatte aufgrund des Saarländischen Gesetzes Nr. 806 über die Veranstaltung von Rundfunksendungen im Saarland vom 2. 12. 1964 (GVRS) in der Fassung des zweiten Änderungsgesetzes vom 7. 6. 1967[4] bei der Saarländischen Landesregierung 1967 den Antrag gestellt, ihr eine Konzession zu erteilen, Hörfunksendungen einschließlich Werbesendungen in deutscher Sprache zu veranstalten. Die Landesregierung war untätig geblieben. Daraufhin hatte die Klägerin 1971 beim Verwaltungsgericht Saarlouis Untätigkeitsklage erhoben. Das Oberverwaltungsgericht Saarbrücken hatte anschließend einige Vorschriften des GVRS für ungültig gehalten und dem Bundesverfassungsgericht vorgelegt; dieses hatte die Vorlage mit Entscheidung vom 24. 3. 1976 für unzulässig erklärt. Daraufhin hatte das OVG die Landesregierung verpflichtet, die Klägerin zu bescheiden.

Die Landesregierung hatte den Antrag von 1967 dann durch Bescheid vom 26. 10. 1976 abgelehnt. Nunmehr erhob die Klägerin Verpflichtungsklage. Das Verwaltungsgericht Saarlouis setzte aus und legte dem Bundesverfassungsgericht vor mit der Begründung: Es werde die Klage abweisen, wenn die zur Prüfung gestellten Vorschriften des GVRS nichtig seien, und werde ihr stattgeben, wenn sie gültig seien.

Das Bundesverfassungsgericht hat die §§ 38—46 e GVRS wegen Verstoßes gegen Artikel 5 I 2 GG und gegen Artikel 3 I GG für nichtig erklärt, soweit darin die private Veranstaltung von Rundfunksendungen in deutscher Sprache geregelt war.

III. Nichtigkeit des GVRS

1. Erstreckung des Urteils nicht nur auf Hörfunk, sondern auch auf Fernsehen

Zwar hatte das Verwaltungsgericht, dem Konzessionsantrage der Klägerin folgend, eine Nichtigkeit nur im Hinblick auf Hörfunksendungen zur Entscheidung gestellt; aber was für den Hörfunk gilt, muß „in vermehrtem Maße" für die Veranstaltung von Fernsehsendungen gelten. Deshalb hat das Bundesverfassungsgericht im Hinblick auch auf Fernsehsendungen entschieden,[5] obwohl ihm dazu nichts vorgelegt war. Der Grundsatz: „Ne eat iudex ultra petita partium" gilt hier also nicht.

---
[4] ABl. 1964, 1111 und 1967, 478.
[5] a. a. O., S. 314.

III. Nichtigkeit des GVRS

2. Vom Gericht offengelassene Fragen

Ausdrücklich offengelassen hat das Bundesverfassungsgericht insbesondere drei Fragen:

1. Es bleibt unentschieden, ob das Grundgesetz es auch unter den heutigen und künftigen technischen Bedingungen noch gestattet, den privaten Rundfunk auszuschließen zugunsten der öffentlich-rechtlichen Anstalten.

2. Es bleibt offen, ob der Gesetzgeber verpflichtet ist, Privatrundfunk einzuführen.

3. Es bleibt unentschieden, ob ein Bürger einen verfassungsrechtlichen Anspruch gegen ein Land darauf hat, private Rundfunksendungen zu veranstalten.[6]

3. Fehlen einer gesetzlichen Regelung einiger Gegenstände

a) Notwendigkeit einer Regelung durch das Gesetz selbst

Das GVRS genügte den Anforderungen von Artikel 5 GG nicht, und zwar aus folgendem Grunde: Es regelte einige Gegenstände nicht, die es hätte regeln müssen; statt dessen hatte es der Verwaltung die Regelung im Einzelfall überlassen.[7]

Der Gesetzgeber selbst hätte tätig werden müssen, weil das Grundrecht nur aufgrund einer gesetzlichen Ausgestaltung wirksam werden kann.[8]

---

[6] Die Bejahung einer dieser Fragen würde dem Art. 111 a Bayerische Verfassung, der den Rundfunk an die öffentlich-rechtliche Trägerschaft bindet, den Garaus machen; auch das Gemeinschaftsrecht enthält insofern keine für die Mitgliedstaaten bindende Regelung, Ipsen, Rundfunk, S. 28 f.

[7] Gründe C III 1, 2 und 4. Vgl. BVerfGE 49, 89, 126 (Kalkar); 52, 1, 41 (Kleingärten); 57, 46, 78 f. (Sexualkundeunterricht).

[8] Gründe C II 1, S. 319.

Das Bundesverfassungsgericht hat die bedenkliche Angewohnheit, zunächst allgemeine Erwägungen über den Inhalt einer Verfassungsnorm anzustellen (C II der Gründe) und erst dann im weiteren Teil die zur verfassungsrechtlichen Prüfung anstehende Frage unter den vorher abstrakt dargestellten Verfassungsrechtssatz zu subsumieren (C III der Gründe). Dadurch geht leicht der Zusammenhang zwischen der konkreten Rechtsfrage und den Ausführungen über den Inhalt einer Verfassungsbestimmung verloren; d. h. das Gericht verleitet sich so zu obiter dicta. Zwar steht es einem Verfassungsgericht wohl an, obiter dicta zu enunzieren, wenn ihm das rechtspolitisch geboten scheint, aber der Aufbau erschwert es nicht nur anderen, sondern vor allem dem Gericht selbst, ständig zu kontrollieren, ob es nicht gerade ein obiter dictum von sich gibt oder einen tragenden Grund. Ohne Not setzt sich das Gericht so der Gefahr aus, daß es selbst oder doch einzelne seiner Mitglieder bei der Abstimmung ein obiter dictum für einen tragenden Grund halten: Eine Tod-

Daß das Grundrecht ohne gesetzliche Ausgestaltung nicht wirksam werden kann, folgt „aus der Aufgabe und der Eigenart der Gewährleistung".[9]

Die Aufgabe besteht darin, daß der einzelne und die Öffentlichkeit ihre „Meinung frei bilden" können. Die Freiheit der Meinungsbildung besteht aus zwei Bestandteilen: Jedermann darf seine Meinung äußern und verbreiten, und jedermann darf die von anderen geäußerten und verbreiteten Meinungen zur Kenntnis nehmen. Die zweite Freiheit nennt man zweideutig „Informationsfreiheit":[10] Sie betrifft nicht die Freiheit, Informationen zu äußern und zu verbreiten, sondern die Freiheit, Informationen zur Kenntnis zu nehmen.

Die Rundfunkfreiheit „dient primär" der Meinungsbildungsfreiheit: Sie ergänzt und verstärkt die Meinungsbildungsfreiheit.[11] Daraus folgt: Die Verfassung erkennt die Rundfunkfreiheit dort nicht an, wo sie die Meinungsbildungsfreiheit beschneidet und schwächt. Die Rundfunkfreiheit ist insofern im Verhältnis zur Meinungsbildungsfreiheit eine akzessorische Freiheit; sie findet ihre Grenzen nicht nur in sich selbst, sondern vor allem auch in der Meinungsbildungsfreiheit.

Die Rundfunkfreiheit ist der Meinungsbildungsfreiheit abträglich in zwei Fällen: Zum einen, wenn der Rundfunk unter staatlichem Einfluß steht. Die Freiheit begründet insofern einen Unterlassungsanspruch gegen den Staat, sich eines solchen Einflusses zu enthalten.[12]

Zum anderen, wenn der Staat nicht „materielle, organisatorische und Verfahrensregelungen" erläßt. Diese Regelungen sollen gewährleisten, „daß die Vielfalt der bestehenden Meinungen im Rundfunk in möglichster Breite und Vollständigkeit Ausdruck findet und daß auf diese Weise umfassende Information geboten wird".[13] Ohne solche Regelungen kann der Rundfunk, das hat das Bundesverfassungsgericht festgeschrieben, die öffentliche Meinungsbildung nicht ergänzen und verstärken.

---

sünde für ein Verfassungsgericht. Im Zivilrecht, wo obiter dicta grundsätzlich keinen Platz haben, ist der vom Bundesverfassungsgericht durchgeführte Aufbau unter anderem aus jenem Grunde fehlerhaft.

[9] a. a. O., S. 319.
[10] C II 1 a, ebenda.
[11] a. a. O., S. 320.
[12] Ebenda.
[13] Ebenda.

b) Notwendiger Inhalt einer gesetzlichen Regelung

aa) Grundsatz: Bestimmung des allgemeinen Ziels, nicht aber besonderer Ziele und der Mittel

Entscheidend ist damit die Frage, welche Regelung nötig ist, um zu sichern, daß „der Rundfunk" eine solche Information bietet. Diese Frage hat das Grundgesetz nicht festgeschrieben: „Wie der Gesetzgeber seine Aufgabe erfüllen will, ist Sache seiner eigenen Entscheidung. Das Gesetz schreibt ihm keine bestimmte Form der Rundfunkorganisation vor; es kommt allein darauf an, daß freie, umfassende und wahrheitsgemäße Meinungsbildung im dargelegten Sinne gewährleistet ist, daß Beeinträchtigungen oder Fehlentwicklungen vermieden werden."[14]

bb) Ausnahme: Einige Präzisierungen

α) Regelungsbedürftige Punkte bei Zulassung privatrechtlichen Rundfunks

Trotz der dem Gesetzgeber belassenen Freiheit leitet das Bundesverfassungsgericht aus dem Grundgesetz doch einige Anforderungen an die gesetzliche Regelung ab:

Ob überhaupt privater Rundfunk eingeführt werden soll, muß der Gesetzgeber selbst entscheiden.[15] Bejaht er das, so muß er eine Zugangsregelung schaffen, um vor Beginn der Rundfunksendungen zu überprüfen, ob die Rundfunkfreiheit weiterhin gewährleistet bleibt. Die Voraussetzungen für Erteilung, Versagung und Widerruf der Erlaubnis muß der Gesetzgeber selbst festlegen und darf das nicht der Exekutive überlassen.[16] Sofern kein unbeschränkter Zugang möglich ist, muß der Gesetzgeber auch Regeln über die Auswahl der Bewerber treffen, um so den Gleichheitssatz des Artikels 3 I GG zu gewährleisten.[17] Notfalls sind die Sendezeiten zuzuteilen oder anteilig zu kürzen.

β) Insbesondere Verhinderung der Auslieferung des Rundfunks an einzelne Gruppen

Der Gesetzgeber muß „sicherstellen, daß der Rundfunk nicht einer oder einzelnen gesellschaftlichen Gruppen ausgeliefert wird und daß die in Betracht kommenden Kräfte im Programmangebot zu Wort kommen

---

[14] C II 1 b, S. 321 f.
[15] C II 2 a, S. 324.
[16] C II 2 e, S. 326 f. unter Hinweis auf BVerfGE 52, 1, 41 (Kleingärten).
[17] C II 2 f, S. 327 unter Hinweis auf BVerfGE 33, 303, 345 f. (Numerus clausus) sowie 43, 291, 316 f.

können".[18] Darauf legt das Bundesverfassungsgericht so entscheidenden Wert, daß es eben diese Wendung schon vorher benutzt hat unter Hinweis auf frühere Entscheidungen.[19]

Wie man die Auslieferung des Rundfunks an einzelne gesellschaftliche Gruppen verhindert, schreibt die Verfassung nicht vor. Insbesondere ist sowohl eine binnenpluralistische als auch eine außenpluralistische Struktur zulässig.[20] Das heißt, entweder muß jede einzelne Rundfunkanstalt alle in Betracht kommenden gesellschaftlichen Gruppen in ihrem Programm zu Wort kommen lassen und so schon für sich allein die verfassungsmäßig gebotene umfassende Information verwirklichen: Hier tritt die Freiheit der Meinungsäußerung des Rundfunkveranstalters zurück gegenüber dem aus der Informationsfreiheit folgenden Anspruch der Bürger auf umfassende und wahrheitsgemäße Information.[21] Oder die einzelne Rundfunkanstalt bringt eine einseitige Information; eine umfassende Information jedoch ergibt sich, wenn man die Programme aller Stationen zusammen betrachtet. Allerdings auch bei einer zulässigen einseitigen, unausgewogenen Information unterliegt die Rundfunkanstalt noch Schranken, die sich aus der Meinungsbildungsfreiheit der anderen Bürger ergeben: Sie bleibt „zu sachgemäßer, umfassender und wahrheitsgemäßer Information und einem Mindestmaß an gegenseitiger Achtung verpflichtet".[22]

Bei der Wahl zwischen binnen- und außenpluralistischer Form bewährt sich also der Satz: „Das Grundgesetz schreibt ... keine bestimmte Form der Rundfunkorganisation vor."[23] Es gleicht einer Richtlinie im Sinne des EWGV und einer Empfehlung im Sinne des EGKSV: Das Ziel wird vorgeschrieben, die Mittel nicht.[23a]

4. Inhalt einer gesetzlichen Regelung bei Fortfall der Sondersituation des Rundfunks

Man kann demgemäß den Rundfunk nicht sich selbst überlassen und es bei grundrechtlichen Unterlassungsansprüchen gegen den Staat belassen, sondern der Staat muß durch Gesetz eine positive Ordnung des Rundfunks herstellen. Daß das nötig ist, hatte das Bundesverfassungs-

---

[18] C II 2 b, S. 325.
[19] C II 1 b, S. 322 unter Hinweis auf BVerfGE 12, 205, 262 und 31, 314, 325 f.
[20] C II 2 b, S. 325; vgl. auch unten A IV 2 d.
[21] C II 1 b, S. 323.
[22] C II 2 c, S. 326.
[23] C II 1 b, S. 321.
[23a] Vgl. Art. 189 III EWGV und Art. 14 EGKSV; dazu kritisch Börner, Die Entscheidungen der Hohen Behörde, 1965, S. 99 ff.

gericht in seiner früheren Rechtsprechung begründet mit der Sondersituation des Rundfunks. Sie besteht zum einen in der Knappheit der Sendefrequenzen und zum anderen darin, daß man für die Veranstaltung von Rundfunkdarbietungen hohe finanzielle Aufwendungen machen muß.[24] Offengelassen hatte das Gericht, was einmal gelten solle, wenn die Frequenzen nicht mehr knapp und der finanzielle Aufwand nicht mehr hoch sein würden.[25] Eine derartige Entwicklung zeichnet sich heute ab:[26]

Diese Mitte 1981 vorauszusehende Entwicklung hat das Bundesverfassungsgericht veranlaßt, zu den verfassungsrechtlichen Anforderungen auch für den Fall etwas zu sagen, daß die Sondersituation des Rundfunks entfiele. Denn das Bundesverfassungsgericht hob das GVRS als verfassungswidrig auf und mußte mit der Möglichkeit rechnen, daß die Sondersituation des Rundfunks schon bei der Verabschiedung eines neuen saarländischen Rundfunkgesetzes entfallen sein würde.

„Auch in diesem Falle bleibt es ... beim Verfassungserfordernis gesetzlicher Vorkehrungen zur Gewährleistung der Freiheit des Rundfunks."[26a]

Damit fragt sich, ob die gesetzlichen Vorkehrungen den gleichen Inhalt haben müssen wie die bei der Sondersituation des Rundfunks erforderlichen gesetzlichen Vorkehrungen. Dazu sagt das Bundesverfassungsgericht, daß die Vorkehrungen „in einer Situation der unvermeidlichen Beschränkung auf wenige Träger von Rundfunkveranstaltungen in weiterem Umfang nötig werden und andere Mittel erforderlich machen als in einer Lage, in der diese Beschränkung nicht mehr besteht".[27] Auch hier also bleibt das Ziel unverändert die Gewährleistung der Freiheit des Rundfunks, während die Mittel nicht abstrakt von der Verfassung vorgeschrieben sind.

IV. Folgerungen

1. Rundfunkfreiheit im Lichte des allgemeinen Freiheitsbegriffs

Die Verfassung schreibt das Ziel fest, dem die Rundfunkfreiheit primär zu dienen hat: Sie soll die allgemeine Meinungsbildungsfreiheit ergänzen und verstärken. Diese dienende, ancillarische Aufgabe zu erfüllen, ist nur möglich, wenn der Rundfunk die Vielfalt der bestehenden

---

[24] BVerfGE 12, 205, 261; 31, 314, 326.
[25] BVerfGE 31, 314, 326.
[26] Vgl. die Zusammenfassung bei Bullinger, AfP 1983, 319, 320 ff.
[26a] C II 1 c, S. 322.
[27] a. a. O., S. 322.

Meinungen möglichst breit und vollständig ausdrückt und so umfassende Informationen bietet. Voraussetzung dafür ist, daß der Rundfunk weder unter staatlichem Einfluß steht[28] noch einer oder einzelnen gesellschaftlichen Gruppen ausgeliefert wird.[29] Freiheit des Rundfunks vom Einfluß von Kollektiven, seien es staatliche, seien es private, ist die Voraussetzung von Rundfunkfreiheit. Die Definition der Rundfunkfreiheit hat damit die Qualität eines verneinenden Urteils: Bei Unfreiheit gegenüber Kollektiven existiert keine Rundfunkfreiheit; die Negation ist das Grundmerkmal des Begriffs.

Es fragt sich, ob sich daraus der positive Satz ableiten läßt, daß Rundfunkfreiheit Freiheit von Kollektivzwängen ist. Das Bundesverfassungsgericht sagt dazu nichts. Die Logik gestattet den Satz, sofern Freiheit von Kollektivzwängen das einzige Merkmal der Rundfunkfreiheit ist.

Um das zu ermitteln, bedarf es einer Besinnung auf den Begriff der Freiheit. Er besagt die Abwesenheit von Zwang, und das heißt die Abwesenheit von Ursachen. Da aber nichts ohne Ursache geschieht — es gibt keine causa sui — muß immer mindestens eine Ursache und damit ein Zwang übrigbleiben. Man kann demgemäß bei der Freiheit unterscheiden zwischen der Abwesenheit bestimmter bei Fortwirken aller übrigen Ursachen[30] und der Abwesenheit aller übrigen bei Fortwirken bestimmter Ursachen. Immer aber ist, wer in einer Hinsicht frei ist, noch in der anderen unfrei.[31] Man muß also für eine konkrete Freiheit bestimmen, ob man jene erste oder jene zweite Bedeutung meint, und das heißt, welches bei der ersten Bedeutung die wegfallenden bzw. bei der zweiten Bedeutung die weiterwirkenden Ursachen sind. Erst dann hat man etwas Bestimmtes ausgesagt, was zwischen Freisinn und Freibier liegen mag. Was Wunder, daß das Wort Freiheit in der politischen wie in der philosophischen Welt zur Bezeichnung verschiedenster Dinge hat herhalten müssen.[32] „Freiheit ruft die Vernunft, Freiheit die wilde Begierde."

Die Abwesenheit aller bei Fortwirken bestimmter Ursachen kennzeichnet Kants Definition der Gedankenfreiheit: „Die Unabhängigkeit der Vernunft im Denken von allen anderen Gesetzen, außer denen, die sie sich selbst gibt. Man darf sie daher nicht verwechseln mit dem gesetzlosen Gebrauch der Vernunft. Sie wird eingeschränkt teils durch bürgerlichen Zwang, nur auf gewisse Art sprechen und schreiben zu

---

[28] Oben A III 3 a.
[29] Oben A III 3 b bb β.
[30] Diesen Sinn findet man beim „Gefreiten", einem Soldaten, der nicht mehr Schildwache zu stehen braucht.
[31] Windelband, Über Willensfreiheit, S. 11.
[32] Windelband, S. 5.

IV. Folgerungen

dürfen, wodurch das eigene Denken seinen Reiz verliert; teils durch Gewissenszwang, das ist durch Glaubensformeln und frühe Warnung vor der Untersuchung."[33] Daher bezeichnet Kant als praktische Freiheit die Abhängigkeit des Willens von der Vernunft; die Abhängigkeit nennt er Freiheit im positiven Sinne im Gegensatz zur Unabhängigkeit als Freiheit im negativen Sinne.[34] Frei ist, wer gerne wollen muß.

Die Rundfunkfreiheit kann vernünftigerweise die Abwesenheit nur einiger bei Fortwirken aller übrigen Ursachen bedeuten, also Freiheit in der ersten jener genannten beiden Bedeutungen. Damit fragt sich, ob die Rundfunkfreiheit mehr fordert, als die Abwesenheit von Kollektivursachen, von Kollektivzwang. Das muß man wohl verneinen. Dann bleiben zwar alle übrigen Ursachen für die Ausgestaltung der Programme bestehen, und das heißt neben denen, die man in einem Tugendkatalog zusammenfassen könnte, auch diejenigen, die in einem Lasterkatalog ihren Platz fänden, ausgenommen natürlich das Laster, die Pflicht „zu sachgemäßer, umfassender und wahrheitsgemäßer Information und einem Mindestmaß gegenseitiger Achtung" zu verletzen.[35] Diese Pflicht zu beachten, besteht von Verfassungs wegen ein Zwang. Ob im übrigen Tugenden oder Laster dann einmal in den Programmen überwiegen werden, bleibt offen: „Jede Erweiterung der Freiheit ist eine große Wette darauf, daß ihr guter Gebrauch ihren schlechten überwiegen wird, und nur der wird diesen Ausgang für sicher halten, der von der eingeborenen Güte des Menschen (über die Verteilung der *Einsicht* selbst bei gutem Willen nicht zu reden) überzeugt ist."[36] Die Rundfunkfreiheit kann eben nur menschliche Rundfunkprogramme anstreben, nicht göttliche.

Daraus folgt, daß mehr als die Abwesenheit von Kollektivzwängen mit der Rundfunkfreiheit nicht verlangt werden kann: Rundfunkfreiheit ist die Freiheit vom Zwang staatlicher und privater Kollektive. Die damit aufgeworfene Problematik tritt erst an Hand von Anschauungsmaterial deutlich hervor; darauf ist unten noch einzugehen.[37]

Welche Organisation des Rundfunks diese Kollektivfreiheit gewährleistet, schreibt das Grundgesetz nicht vor; es mißt jede Organisation aber daran, ob sie das Ziel der Freiheit von Kollektivzwang erreichen kann.

---

[33] Schmid, Wörterbuch, S. 251.
[34] Kant, Kritik der praktischen Vernunft, Bd. 4, S. 144.
[35] Vgl. oben A III 3 b bb β; Urteilsgründe C II 2 c, S. 326.
[36] Jonas, Verantwortung, S. 304.
[37] B I 2 d am Ende.

2. Organisation der Freiheit

a) Binnenpluralistische und außenpluralistische Organisation[38]

Man kann die Programme von Rundfunkveranstaltern als eine Einheit betrachten. Dann muß gewährleistet sein, daß die Programme in ihrer Gesamtheit die nötige Breite und Vielfalt bieten, obwohl dieses mehr auf diese und jenes mehr auf jene Gruppe und Meinung ausgerichtet ist (außenpluralistische Organisation). Bei der außenpluralistischen Organisation betrachtet man also die Mehrzahl der Programme im Hinblick auf die Rundfunkfreiheit als eine Einheit, so wie man es auch bei der Presse hinsichtlich der Pressefreiheit tut: Die Presse ist frei, obwohl und weil wir einen „Vorwärts" und einen „Bayernkurier" haben; denn in ihrer Gesamtheit spiegelt sie das breite Spektrum der öffentlichen Meinung wider. Die Zulässigkeit einer solchen Betrachtung macht das Bundesverfassungsgericht dadurch deutlich, daß es stets von der Freiheit nur des Rundfunks, nicht aber der Rundfunkanstalten spricht.[39]

Bei der binnenpluralistischen Organisation unterliegen dem Gebot der Ausgewogenheit das Programm als Ganzes und darüber hinaus auch regelmäßige Sendungen politischen Inhalts. Ein Beispiel bildet das „Kritische Tagebuch" des Westdeutschen Rundfunks 3. Es wird jeden Werktag von 19.30 Uhr bis 19.50 Uhr gesendet. Wer um diese Zeit eine politische Wortsendung hören will, etwa weil er dann immer gerade auf der Heimfahrt im Auto sitzt, ist auf diese Sendung angewiesen. Sie ist offensichtlich beherrscht von einigen pseudolinken Missionsjournalisten, die es für unverzichtbar halten, ihr Zwangspublikum einseitig zu indoktrinieren. Sendungen wie diese müssen im Zeitablauf einer Woche politisch ausgeglichen sein, soll die Rundfunkanstalt das Verfassungsgebot der Ausgewogenheit erfüllen. Kein Rundfunkrat und kein Intendant hat aber diesem schon viele Jahre währenden verfassungswidrigen Treiben ein Ende gesetzt.

Sind einmal Frequenzen in Hülle und Fülle vorhanden, so kann das nicht dazu führen, die jetzigen Rundfunkanstalten aus ihrer aus dem Binnenpluralismus herrührenden Verpflichtung zur Ausgewogenheit zu entlassen. Die öffentlich-rechtliche, auf dem Gebühreneinzug beruhende Monopolstellung verpflichtet sie auch weiterhin zur Objektivität.[40] Die privaten Anbieter genießen demgegenüber, allerdings nur grundsätzlich, Tendenzfreiheit, müssen aber, und zwar zusammen mit den Program-

---

[38] Vgl. schon oben A III 3 b bb β.
[39] Anders Bethge, Werbung, S. 697, Anm. 44.
[40] Ungeachtet der Problematik, diese Objektivität zu verwirklichen, vgl. unten B I 2 d.

IV. Folgerungen

men der Rundfunkanstalten, in ihrer Gesamtheit die gebotene Vielfalt erkennen lassen.

Es fragt sich, ob der außenpluralistischen Organisation von Verfassungs wegen der Vorzug zu geben ist. Nahe liegt das deshalb, weil sie die natürlichere, nämlich von dirigistischen Eingriffen freiere und damit freiheitlichere Organisationsform ist.

Ob binnen-, ob außenpluralistische Organisation, für das Ergebnis, breite und vielfältige Information, bleibt der Gesetzgeber immer selbst verantwortlich. Insbesondere bei außenpluralistischer Organisation bleibt er auch dann dafür verantwortlich, wenn die Frequenzen mehr und die Kosten weniger werden.[41]

b) Institutionelle und individualrechtliche Sicht

Für eine Entgegensetzung institutioneller und individualrechtlicher Sicht der Rundfunkfreiheit bietet die Verfassung damit keine Grundlage. Die institutionelle Sicht will den Bürgern das Ausstrahlen von Rundfunksendungen gestatten nur nach Maßgabe gesetzlicher Regelungen.[42] Einen Zugang ohne besondere gesetzliche Regelung schließt das Bundesverfassungsgericht aber gerade aus und legalisiert damit nur das, was man institutionelle Sicht nennt. Stern meint, typusbildend für die institutionelle Sicht sei die binnenpluralistische Konstruktion. Das widerspricht dem Bundesverfassungsgericht, das eine gesetzliche Zulassung auch bei außenpluralistischer Konstruktion für notwendig erklärt hat.

Die individualrechtliche Sicht versteht Rundfunkfreiheit als die jedermann zustehende Unternehmerfreiheit.[43] Ob ein Anspruch eines Bürgers auf Zulassung zum Rundfunkbetrieb besteht, hat das Bundesverfassungsgericht aber ausdrücklich offengelassen. Wenn ein solcher Anspruch besteht, dann kann er sich zunächst nur gegen den Gesetzgeber richten, weil ohne ein hinreichend detailliertes Rahmengesetz jede Ausstrahlung von Rundfunk, durch wen auch immer, ausgeschlossen ist.

Die verfassungsrechtliche Formel lautet also: 1. Keine Rundfunkausstrahlung ohne Gesetz. 2. Ob ein Gesetz zugunsten privater Rundfunkbetreiber erlassen werden muß, bleibt noch offen.

Nur unklar kennzeichnet man diese Situation mit der Wendung, daß es sich um eine Mischung objektivrechtlicher und subjektivrechtlicher Elemente handele.

---

[41] Oben A III 3 a.
[42] Stern, Neue Medien, S. H 57.
[43] Stern, S. H 58.

Weimarisch ist also der Rechtssatz: Erst der (Landes-)Gesetzgeber verleiht die Freiheit.[44] Bonnisch ist der Rechtssatz: Vielleicht ist er dazu verpflichtet.[45] Diese problematische Aussage bildet den nervus rerum.[46]

---

[44] Man denkt an Goethe, Natur und Kunst: „... und das Gesetz erst kann uns Freiheit geben."

[45] Zur Möglichkeit des Bürgers, den Gesetzgeber zum Erlaß eines Gesetzes zu zwingen (Verfassungsbeschwerde wegen gesetzgeberischen Unterlassens) BVerfGE 56, 54, 70 ff. sowie die Nachweise bei Stern, Neue Medien, S. H 63, Anm. 63; vgl. auch ebenda, S. H 62, Anm. 58.

[46] Stern, S. H 63 f.

B. Verfassung und Rundfunkanstalten

I. Organisation und Programm

A curia male informata ad curiam melius informandam.[1]

1. Ziel der Untersuchung

An dem von der Verfassung vorgeschriebenen Ziel der Rundfunkordnung ist nicht nur de lege ferenda eine eventuelle Weiterentwicklung in Richtung auf einen privaten Rundfunk zu messen, sondern auch schon de lege lata die jetzige Rundfunkordnung.[2]

Das ist nicht überflüssig geworden infolge des Ersten Fernsehurteils vom 28. 2. 1961.[3] Hier hat das Gericht die Organisation so beschrieben:

1. Das Gesetz schafft eine dem staatlichen Einfluß entzogene juristische Person des öffentlichen Rechts.

2. Ihre kollegialen Organe sind faktisch in angemessenem Verhältnis aus Repräsentanten aller bedeutenden politischen, weltanschaulichen und gesellschaftlichen Gruppen zusammengesetzt.

3. Diese kollegialen Organe haben die Macht, die für die Programmgestaltung maßgeblichen oder mitentscheidenden Kräfte darauf zu kontrollieren und daraufhin zu korrigieren, daß den im Gesetz genannten Grundsätzen für eine angemessene anteilige Heranziehung aller am Rundfunk Interessierten Genüge getan wird.

4. Den mit solchen Sicherungen ausgestatteten Institutionen wird ein Monopol für die Veranstaltung von Rundfunkdarbietungen eingeräumt.

Die so beschriebene Organisation widerspricht nicht der Verfassung, wie das Bundesverfassungsgericht vor zwei Jahrzehnten festgestellt hat.

---

[1] In diese Richtung zielt auch Ossenbühl, DÖV 1977, 381, 386.
[2] Das fordert auch Scheuner, Privatwirtschaftliche Struktur und öffentliche Aufgaben der Presse, S. 92. Lange, Rundfunkprogramm, will das jetzige System verteidigen, beschränkt sich aber auf unverbindliche Stichworte und verbleibt deshalb in der Theorie.
[3] BVerfGE 12, 205, 261 f.

B. Verfassung und Rundfunkanstalten

In seinem dritten Urteil hat das Bundesverfassungsgericht ausdrücklich offengelassen, ob die Verfassung es gestattet, Private auszuschließen; damit hat es den obigen Punkt 4 zu einem problematischen gemacht. Im Hinblick auf die verfassungsmäßigen Anforderungen des Artikels 5 GG sind jetzt zunächst die Monopolanstalten zu betrachten.

Als Ergebnis einer solchen Untersuchung gibt es nicht nur die Alternative: Verfassungsgemäß oder nicht. Dieser kontradiktorische Gegensatz kann dem komplexen Sachverhalt und der komplexen Aufgabe einer Rundfunkordnung nicht gerecht werden, verstellt den Blick für die vielen Grauschattierungen zwischen Schwarz und Weiß und berücksichtigt nicht: Das Bundesverfassungsgericht unterscheidet zwischen sofort und erst später zu ändernden Zuständen. Diesen Befund beschreibt man als eine Verschiedenheit der Rechtsfolgen des Urteilsspruchs und damit als eine verfahrensrechtliche Erscheinung. Man kann sie auch betrachten als ein materiellrechtliches Phänomen: Für eine bestimmte Zeit ist ein Zustand noch verfassungsgemäß, verwandelt sich aber in einen verfassungswidrigen durch Zeitablauf. Daß er zunächst, obwohl der Verfassung bereits fernstehend, von der Verfassung gerade noch hingenommen wird, entspricht der ständigen Rechtsprechung des Bundesverfassungsgerichts in den sogenannten Appellentscheidungen.[4]

Dieser Grauschattierungen bedarf es. Ein Blick auf die ersten drei Thesen des Bundesverfassungsgerichtes zeigt, daß hier ein Idealzustand geschildert wird, den darzustellen keiner Organisationsform gelingen kann. Die Konsequenz davon kann nicht sein, jede Abweichung vom Ideal als Verfassungswidrigkeit zu betrachten: Das hieße, für die Zeit der Sondersituation Rundfunk verbieten. Die Folgerung kann nur sein, Abweichungen vom Ideal, die eine gewisse Intensität noch nicht erreichen, als vorläufig noch verfassungsgemäß hinzunehmen.[5]

Das kann es ermöglichen, vielleicht innerhalb verschiedener verfassungsgemäßer Organisationsformen die eine als dem Verfassungsideal näherstehend zu erkennen als die andere, ohne daß die fernerstehende schon heute verfassungswidrig sein müßte. Vielleicht ergeben sich aus der Verschiedenheit der Nähe zum Verfassungsideal — man kann auch sagen: aus der Verschiedenheit der Nähe zur Verfassungswidrigkeit — verfassungsrechtlich gebotene Konsequenzen.

---

[4] Vgl. etwa zuletzt BVerfGE 61, 210, 256 f.
[5] Vgl. auch unten B I 3.

I. Organisation und Programm

2. Die vier Postulate der Verfassung

a) Erstes Postulat des Bundesverfassungsgerichts

„Die Anstalten sind dem staatlichen Einfluß entzogen oder höchstens einer beschränkten staatlichen Rechtsaufsicht unterworfen."[6] Das trifft nicht zu.

aa) Die Anstalten sind insofern staatlichem Einfluß unterworfen, als eine Erhöhung ihrer Gebühren abhängt von der Zustimmung der Landesparlamente, die entsprechende Verträge der Ministerpräsidenten ratifizieren.[7] Die Gebühreneinzugszentrale der öffentlich-rechtlichen Rundfunkanstalten in der Bundesrepublik Deutschland, eine öffentlich-rechtliche, nicht rechtsfähige Verwaltungsgemeinschaft, getragen von den ARD-Landesrundfunkanstalten und dem ZDF, zieht die Gebühren ein.[8] Die Anstalten der ARD erhielten 1981 2,563 Mrd. DM an Gebühren (1,534 Mrd. DM für das Fernsehen und 1,028 Mrd. DM für den Hörfunk).[9] Das ZDF erhielt 658 Mio. DM.[10] Aus den Gebühren wird außerdem mitfinanziert der Deutschlandfunk. Die Finanzhilfe der ARD für den Deutschlandfunk betrug 1981 47,7 Mio. DM.[11]

Es ist schwer vorstellbar, daß jemand anders als der Staat die Gebührenerhöhung eines Monopols bewilligt. Das spricht dafür, in dieser Kompetenz noch die vom Bundesverfassungsgericht genannte „beschränkte Rechtsaufsicht" zu sehen.

bb) Stärkster Einfluß des Staates auf die Rundfunkanstalten kommt von den Rundfunkräten und Verwaltungsräten, also von den Kontrollorganen. Sie sollen die gesellschaftliche Kontrolle über die Rundfunkanstalten ausüben. Ihre formale Zusammensetzung bestimmt das Gesetz, aber die Wahlen der Mitglieder führen die Landtage und damit die Parteien durch.[12] Da die Parteien auch die Landesregierungen stellen,

---

[6] Vgl. BVerfGE 12, 205, 261; OVG Lüneburg 29. 8. 1978, DÖV 1979, 170 ff. m. Anm. Kewenig, insbesondere auch zu der Frage, inwieweit eine Kirche einen Anspruch darauf hat, in einem Rundfunkrat vertreten zu sein. Vgl. ferner Scheuner, Rundfunkfreiheit, S. 29 m. N. in Anm. 46 und S. 57.

[7] So betrug die Gebühr bis zum ersten Halbjahr 1983 13,— DM (3,80 DM Hörfunk und 9,20 DM Fernsehen), und seitdem beträgt sie 16,25 DM (5,05 DM Hörfunk und 11,20 DM Fernsehen).

[8] ARD-Jahrbuch 1982, S. 172.

[9] ARD-Jahrbuch 1982, S. 254, 257, 274 und 280. Davon erhielt der Westdeutsche Rundfunk 469 Mio. DM.

[10] ZDF-Jahrbuch 1982, S. 155.

[11] ARD-Jahrbuch 1982, S. 297, 301. Zur Finanzierung aus Gebühren und Werberundfunk vgl. unten B II.

[12] Zur Zahl der Mitglieder von Parteien in den Gremien Starck, Organisationsproblem, S. 21 f., 29 ff., auch zum Anteil von Ministern, Beamten und Abgeordneten.

kommt so auch ein wenngleich mittelbarer, so doch starker staatlicher Einfluß auf den Rundfunk zur Wirksamkeit.¹³ Das bezeugt z. B. von Paczensky, Chefredakteur bei Radio Bremen von 1973—1980: „Rundfunk und Fernsehen sind, seit sie der Kontrolle durch die Parteien unterworfen sind, auch Staatsrundfunk und Staatsfernsehen... Das ist selbst bei denjenigen Anstalten nicht anders, denen ihr Rundfunkgesetz eine mehr ständische Zusammensetzung ihrer Aufsichtsgremien verordnet durch jene gesellschaftlich ‚relevanten' Gruppen, von denen man soviel hört. Sie sind in Wirklichkeit fast immer sehr schnell nach der jeweiligen Parteizugehörigkeit zu ordnen. Nicht nur in Bremen wird die SPD regelmäßige Treffen ihrer Rundfunkratsmitglieder veranstalten, von denen sie ein einziger formell repräsentiert (die vielen anderen reisen unter anderer Flagge); das trifft auch für die Union und die F. D. P. zu. Die Minderheit der ‚Grauen', die nicht so recht einer Partei zugeordnet werden können, hat die Parteienherrschaft in den Gremien, also das Übergewicht des Staates, bisher nicht stören können und wohl auch nicht wollen."¹⁴ Den Einfluß des Staates üben also die „politisch bedeutsamen Gruppen" aus, die in den Rundfunkräten vertreten sind; neben ihnen vermögen sich andere, nicht mit dem Staat eng verbundene Gruppen als selbständige Kräfte praktisch nicht durchzusetzen.

Anderenorts wird die Rolle der Grauen sogar noch negativer geschildert: „Wenn es um entscheidende Fragen geht, haben alle ‚Grauen', von welcher Seite auch immer, sich letztlich dann in den parteilichen Gruppierungen eingefunden. Es mag hier und da die berühmte Ausnahme geben. Das andere aber ist die Regel."¹⁵

Ähnlich äußert sich Paul O. Vogel (von der Hamburger Behörde für Wirtschaft, Verkehr und Landwirtschaft):¹⁶ „Nach meinen Erfahrungen, wenn es in ganz ernsten Dingen zum Schwur kommt und die Freundeskreise werden aufgerufen, sich zu versammeln, dann bleibt auf den Fluren vor den Sitzungssälen keiner übrig. Die haben alle ihre Tür, durch die sie gehen. Nur früher gab's mal gelegentlich einen von mir hochverehrten Mann, Hans van Dam, der irrte ein bißchen draußen 'rum und guckte noch, wo er vielleicht hingehen sollte. Heute gehen sie also alle durch bestimmte Türen in ihren Freundeskreis."

Vogel fährt dann fort: „Andererseits: Die sogenannten Grauen, d. h. alle jene in den Gremien, die parteilich nicht von vornherein festgelegt

---

[13] Eine zu enge Auffassung der Forderung nach Staatsfreiheit findet sich bei Ossenbühl, DÖV 1977, S. 389, mit dem Satze, die Staatsfreiheit des Rundfunks habe sich durchsetzen können.
[14] v. Paczensky, Über Fernsehen, S. 41 und 42.
[15] Barsig, in: Hamburger Medientage '81, S. 148.
[16] Hamburger Medientage '79, S. 291.

I. Organisation und Programm

sind, helfen nach meiner Überzeugung und Erfahrung doch sehr wesentlich mit, in einer Vielzahl von Fragen zu differenzierteren Betrachtungen zu kommen, auch zu differenzierten Entscheidungen, und in den Vorabstimmungen ... auch dafür zu sorgen, daß sich nicht allein die parteilich formierte Schiene durchsetzt."

Die Wirklichkeit ist also trotz dieser Einschränkung deutlich entfernt von dem Postulat des Bundesverfassungsgerichts, daß der Rundfunk dem staatlichen Einfluß entzogen und höchstens einer beschränkten staatlichen Rechtsaufsicht unterworfen sein darf. Vielmehr wirkt der Staat insbesondere in den Rundfunkräten und Verwaltungsräten über die jeweiligen Regierungsparteien kräftig auf die Anstalten ein.[17] In der rechtswissenschaftlichen Diskussion hat man diesen Sachverhalt schlicht nicht hinreichend zur Kenntnis genommen.[18]

Man muß sich fragen, ob die Parteien sich anders verhalten können. Denn ihr Daseinszweck besteht darin, gemäß Artikel 21 GG bei der politischen und damit auch bei der staatlichen Willensbildung des Volkes mitzuwirken. Vorhandensein parteilichen Einflusses und Abwesenheit staatlichen Einflusses sind also zwei Dinge, die sich ausschließen. Wer den Staat in den Rundfunkräten nicht haben will, der muß die Parteien aus ihnen ausschließen. Man kann nicht zugleich Mehl im Munde behalten und pusten.

Dann fragt sich freilich, welche anderen Gruppen die Aufgaben der Kontrolle des Rundfunks übernehmen könnten und ob sie ihrerseits nicht wieder einem beherrschenden Einfluß der Parteien unterliegen. Es drängt sich die Frage auf, ob man das Modell des Bundesverfassungsgerichtes in Deutschland überhaupt verwirklichen kann.[19]

---

[17] OVG Lüneburg, a. a. O.
[18] Zuletzt etwa Scheuner, Rundfunkfreiheit, S. 42 und S. 73, der sagt, daß „eher die Gefahr besteht, daß lediglich die politischen Parteien und durch sie die Macht des Staates zur Geltung gelangt". Zu unentschieden auch ders., S. 79 mit Nachweisen aus der weiteren Literatur. Zu matt ders., S. 91 f. Unentschieden Lerche, Landesbericht, S. 76. — Anders aber schon Starck, Rundfunkgremien, S. 199: „Meinungsbildungsmonopole ... im maßgeblichen Einflußbereich staatlicher Gewalt wären das Ende grundrechtlicher Meinungsfreiheit." Deutlich kritisch ders., ebenda, S. 200 f. Stern spricht von einem „Kondonium der ... politischen Parteien und der Rundfunkschaffenden", Teilhabeansprüche, S. 376. Nachweis weiterer kritischer Stimmen bei Ossenbühl, DÖV 1977, 385, Anm. 27—29. Vgl. auch Bullinger, Kommunikationsfreiheit, S. 68; Klein, AfP 1977, 264, 265.
[19] Vgl. unten B I 2 d.

b) Zweites Postulat des Bundesverfassungsgerichts

„Die kollegialen Organe sind faktisch in angemessenem Verhältnis aus Repräsentanten aller bedeutsamen politischen, weltanschaulichen und gesellschaftlichen Gruppen zusammengesetzt."

Äußerlich ist diesem Postulat wohl überall Genüge getan, und wohlgefällig mag das Auge auf den schönen Organisationsstrukturen ruhen.[20] Aber sie sind funktionslos, fehlt es an der inneren Unabhängigkeit der Repräsentanten; darauf wird beim vierten Postulat einzugehen sein.

c) Drittes Postulat des Bundesverfassungsgerichts

„Die Kollegialorgane haben die Macht, die für die Programmgestaltung maßgeblichen oder mitentscheidenden Kräfte darauf zu kontrollieren und daraufhin zu korrigieren, daß den im Gesetz genannten Grundsätzen für eine angemessene anteilige Heranziehung aller am Rundfunk Interessierten Genüge getan wird."[21]

Man könnte geneigt sein, das anzunehmen.[22] Das würde aber auf den Widerspruch des Landtagsabgeordneten Wiesheu stoßen: „Der Rundfunkrat kann im Rahmen seiner Kontrollmöglichkeiten, die ja sehr eingeschränkt sind, lediglich überprüfen, ob bestimmte Sendungen sich im Rahmen der gesetzlichen Grenzen gehalten haben. Zur Prüfung der Ausgewogenheit eines Gesamtprogramms ist er fast nicht mehr befugt."[23]

Es bedürfte einer Sonderuntersuchung, um zu klären, ob und für welche Anstalten Wiesheu zu folgen ist. Diese Untersuchung ist nicht vordringlich. Denn unterstellt man, daß die Rundfunkräte die nötigen Kompetenzen haben, so üben sie diese Kompetenzen nicht aus. Hinsichtlich des dritten Postulates verbliebe es also bei einem Ignoramus.

d) Viertes Postulat: non postulatum, sed postulandum de curia ferenda

„Die Kollegialorgane nehmen die ihnen zustehenden ausreichenden Kompetenzen wahr, und zwar so wirksam, daß das Programm den Anforderungen der Verfassung genügt."

---

[20] Vgl. die Zitierung der Rechtsgrundlagen der einzelnen Anstalten im ARD-Jahrbuch 1982, S. 183 ff.; Herrmann, Rundfunkgesetze, 1977; ZDF-Jahrbuch 1982, S. 7; Rechtsvorschriften des ZDF, ZDF-Schriftenreihe, Heft 17. — Zur Zusammensetzung vgl. ARD-Jahrbuch 1982, S. 184 ff. und ZDF-Jahrbuch 1982, S. 27 f. Zum NDR aber kritisch Kewenig, Rundfunkfreiheit, S. 67, 74.
[21] BVerfG, a. a. O., Urteilsgründe C III 3 b, S. 331 f.
[22] Für den WDR vgl. Kewenig, S. 119 f., 132 f. Weitere Nachweise kritischer Stimmen bei Ossenbühl, DÖV 1977, S. 385, Anm. 30 und 31.
[23] Hamburger Medientage '79, S. 123.

I. Organisation und Programm

Das Bundesverfassungsgericht hat diese These nicht ausdrücklich ausgesprochen wohl deshalb, weil es für selbstverständlich hielt, daß die vorhandenen Kompetenzen wirksam ausgeübt würden. Wer das nicht für selbstverständlich hält, muß sich anscheinend auf Gegner gefaßt machen, die meinen, so etwas frage man nicht. Nur so ist die Äußerung von Weirich zu erklären: „Ich wage die Frage: Klappt denn eigentlich die Aufsicht in den öffentlich-rechtlichen Anstalten? Findet die Aufsicht gegenüber den mit großem Wettbewerbsvorteil ausgestatteten Bürokratien denn wirklich statt oder sind die Aufsichtsräte nur Papiertiger?"[24] Die Bedeutung der Ausgestaltung des Programms ist zwar allgemein anerkannt worden.[25] Man hat aber in der rechtswissenschaftlichen Literatur nicht hinreichend gefragt, ob das tatsächliche Programm den verfassungsrechtlichen Anforderungen genügt.

aa) Hier sind mehrere Unterprobleme zu unterscheiden. Erstens müssen die Mitglieder der kollegialen Organe den Willen haben, ihre Tätigkeit an den vom Bundesverfassungsgericht dargelegten Rechtsforderungen auszurichten. Das ist zu verneinen, wenn eine Mehrheit der Rundfunkräte in erster Linie die Aufgabe zu haben glaubt, parteipolitische Belange wahrzunehmen. So viele klassische Zeugen haben eine solche Einstellung in den Rundfunkräten vorgefunden und im einzelnen geschildert, daß keine verfassungsrechtliche Betrachtung diesen Tatbestand weiterhin ignorieren kann. Danach dominieren in den Rundfunkräten die Parteien und mit ihnen der Staat. Demgemäß bezeichnet Barsig[26] die vom Bundesverfassungsgericht als Garant angesehenen „Kollegialorgane", die Gremien, wie er sie nennt, als „das Krebsübel der öffentlich-rechtlichen Anstalt".[27] Er sagt: „Ich bin da jetzt wirklich ein gebranntes Kind, ich könnte hunderte von Fällen erzählen."[28] Aus diesen Fällen berichtet er folgende:

1. Eine Anstalt hat einem Parteisprecher über Jahre Beratungshonorare gezahlt.[29]

---
[24] Hamburger Medientage '79, S. 85.
[25] Scheuner, Rundfunkfreiheit, S. 42; Herrmann, Fernsehen und Hörfunk, S. 48 ff.; Ossenbühl, Rundfunk zwischen Staat und Gesellschaft, S. 33; Lerche, Rechtsprobleme des Werbefernsehens, S. 11 ff.
[26] Auf ihn wird noch öfter zurückzukommen sein. Sein sachliches Gewicht ergibt sich aus seinem Lebenslauf: Jahrgang 1924. Nach Kriegsdienst kurzzeitig im Schuldienst als Lehrer. Seit September 1945 Journalist für Tageszeitungen und Nachrichtenagenturen. Ab 1948 beim „Vorwärts", zuletzt verantwortlich für Innenpolitik und Wirtschaft. Von 1955 bis 1966 zunächst Sprecher der SPD-Bundestagsfraktion, später dann Sprecher des Vorstandes der SPD. Von 1966 bis 1968 Chefredakteur und Stellvertreter des Intendanten beim Deutschlandfunk. Anschließend zehn Jahre Intendant des Senders Freies Berlin. Seit April 1978 freier Journalist in Bonn.
[27] Hamburger Medientage '79, S. 148, Abs. 4 und 5.
[28] Ebenda, S. 150.

2. Man hat Herrn Barsig eine Redakteurin für die Tagesthemen, deren politischen Standort er erst nach der journalistischen Entscheidung erfuhr, abgelehnt, weil sie ein leicht bayerisches Idiom hatte.[29a]

3. „Der heutige Landesvorsitzende der F. D. P., Herr Kunze, hat ständig bei mir gesteckt, und es ging bis zur Beeinflussung von Stellen, die im Sport lagen. Ich frage mich, was hat der Sport mit der F. D. P.-Politik zu tun?"[30]

Über den Norddeutschen Rundfunk hat Schwidrowski erzählt: „Dort hat man mir gesagt, ja, aber Sie haben leider kein Parteibuch und ohne Parteibuch gibt's ab einer bestimmten Etage gar nichts."[31]

Demgemäß hat der bayerische Landtagsabgeordnete Wiesheu festgestellt, daß „in einzelnen Bundesländern die Rundfunkgesetze die Aufsichtsgremien so konstruiert haben, daß praktisch nur Parteien darin vertreten sind oder die Parteien bestimmen, wer von sonstigen Gruppen darin vertreten ist".[32]

Paul O. Vogel hat zu dem Thema gesagt: „Ich beginne hier jetzt keine Attacke gegen die Meinung des Grundgesetzes über Rolle und Funktion der Parteien. Ich sage nur, daß deren Rolle in den Gremien von den Vätern der Staatsverträge ganz sicherlich nicht so gemeint war, wie sie sich hier und da entwickelt hat."[33]

Demgemäß stellt das Mitglied des hessischen Landtages Weirich die Frage: „Hat dieses System nicht geradezu eine Einladung des Zugriffs an die Parteien in sich? Herrscht hier nicht geradezu ein diabolischer Kreislauf, daß diejenigen, die machtpolitisch in einem Lande den Ton angeben, dann auch einen Zugriff auf die jeweilige Anstalt haben? Und gibt es nicht Karrieristen unter den Journalisten selbst, die der dargebotenen Hand sehr nahekommen und dann gleichzeitig behaupten, das sei aber alles ganz schlecht, was dort passiere?"[34] „Der entschlossene Zugriff der gesellschaftlichen Gruppen, insbesondere der Parteien und der Gewerkschaften, bedarf kaum eines Belegs."[35]

Hinsichtlich des ersten Unterproblems ergibt sich also: Die Rundfunkräte und Verwaltungsräte richten ihre Tätigkeit nicht an den Rechtsanforderungen des Bundesverfassungsgerichts aus. Sie fühlen sich durch-

---
[29] Ebenda, S. 148.
[29a] Ebenda, S. 150.
[30] Ebenda, S. 150.
[31] Ebenda, S. 174.
[32] Ebenda, S. 122.
[33] Ebenda, S. 292.
[34] Ebenda, S. 85.
[35] Klein, AfP 1977, 265.

I. Organisation und Programm

weg und, das müßte heute unstreitig sein, jedenfalls in überwältigender Mehrheit als Vertreter einer Partei, und das heißt einer gesellschaftlichen Gruppe und, sofern ihre Partei die Regierung stellt, auch als Vertreter des Parteienstaates. Die Gremien gleichen dem Monde: Sie strahlen kein eigenes Licht ab, sondern fremdes.[36]

bb) Das zweite Unterproblem bildet die Frage, ob die Rundfunkräte, wenn sie die nötigen Kompetenzen besitzen und auch willens sind, diese Kompetenzen auszuüben, dann überhaupt in der Lage sind, das zu tun. Das ist nicht unproblematisch, weil die Rundfunkräte sich ihrer Aufgabe nur nebenamtlich widmen und daher vielleicht rein physisch nicht vermögen, die Gesamtheit des Programms auf Ausgewogenheit hin genügend zu überwachen.[37] Bezeichnend dafür ist eine Äußerung von Paul O. Vogel.[38] Er hält das sachliche Programmgespräch mit den Häusern für die wesentliche Funktion von Rundfunkräten und fährt fort: „Aber ich muß sagen, daß diese Funktion ... oft auch noch dazu führt, daß die, die dieses Gespräch führen, mitunter etwas verloren vor der Komplexität der Anstalten, vor den schieren Dimensionen stehen."

Zusammenfassend kommt daher Barsig zu dem Ergebnis, daß sich „die Aufsichtsorgane von ARD und ZDF ... trotz vieler gegenteiliger Bekundungen fast total dem parteipolitischen Kräftespiel unterworfen haben und entgegen manchen guten Vorsätzen nicht mehr die Kraft haben, sich zu regenerieren".[39] Ähnlich sagt Manfred Buchwald:[40] „Es wird gegen das Gemeineigentum verstoßen, dem eigentlich nur der Rundfunk verpflichtet ist, indem die Parteien Besitz ergreifen, als sei er ihr Eigentum. Die Kontrolle der Gremien durch die gesellschaftlich relevanten Gruppen funktioniert vielerorts nicht mehr, weil sich der gewollte Pluralismus in den Gremien fahrlässig oder vorsätzlich auf einen Dualismus der parteipolitischen Gruppen reduziert; der Pluralismus der Aufsichtsgremien wird zum Dualismus der politischen Lage."

cc) Letztlich jedoch, und das ist das dritte Unterproblem, kommt es darauf an, ob die Anstalten nun ein ausgewogenes Programm vorlegen oder nicht.[41] Die Ausgewogenheit betrifft nicht die einzelne Sendung, sondern das gesamte Programm eines Senders.[42]

---

[36] Für Einzelheiten aus früherer Zeit, Starck, Organisationsproblem, S. 27 ff., siehe *Anlage 1*, S. 67 ff.
[37] An der Möglichkeit der Gremien, die Programme im Sinne der Verfassung zu steuern, zweifelt Scheuner, Rundfunkfreiheit, S. 92. Vgl. auch Starck, Organisationsproblem, S. 19 ff.; Ossenbühl, DÖV 1977, 385.
[38] Hamburger Medientage '79, S. 289.
[39] Barsig, Die öffentlich-rechtliche Illusion, S. 7; vgl. auch S. 36.
[40] Chefredakteur der Tagesthemen, Vorsitzender des Deutschen Journalistenverbandes, „Journalist" 1980, Nr. 6, zitiert bei Barsig, S. 82.
[41] Eine abstrakte Erfassung des Begriffs der Ausgewogenheit versucht Lange, Rundfunkprogramm, S. 195 ff.

B. Verfassung und Rundfunkanstalten

Hier ist auf die beiden Landesregierungen von Niedersachsen und Schleswig-Holstein hinzuweisen. Sie haben den Staatsvertrag über den Norddeutschen Rundfunk gekündigt mit der Begründung, das Programm sei unausgewogen.[43] Ministerpräsident Albrecht hat von der „linken Welle" gesprochen und ihr die Forderung nach einem anderen Rundfunk entgegengesetzt.[44]

Wenn zwei im Staatsrecht so hoch angesiedelte Instanzen eine große Rundfunkanstalt der Unausgewogenheit zeihen, dann kann niemand mehr behaupten, die Organisation als Samen bringe notwendigerweise die Ausgewogenheit als Frucht hervor. Andere Anstalten als der Norddeutsche Rundfunk sind nur einem einzigen Lande verbunden, und deshalb könnte bei ihnen eine so deutliche Herausstellung einer Unausgewogenheit gar nicht vorkommen, wenn ihr Programm unausgewogen ist. Nach jener Kündigung bedarf es einer Einzeluntersuchung des konkreten Programms einer jeden Anstalt, bevor man ihr bescheinigt, ihr Programm sei ausgewogen. Insofern hat die Kündigung weiterhin beweisrechtliche Bedeutung, obgleich die drei Länder letztlich im Norddeutschen Rundfunk zusammengeblieben sind.[45]

Schon hiermit könnte man die Erörterung abschließen unter Berufung auf das Wort: Schon eine einzige Wolke reicht hin, um die Sonne zu bedecken. Es sei aber noch auf Weiteres hingewiesen:

Eine entscheidende Rolle in diesem Zusammenhang spielt die Personalpolitik. Denn ein ausgewogenes Programm „setzt auch ... voraus, daß die Sendungen von Personen gestaltet werden, die in der Lage sind, die gebotene Vielfalt in das Programm einzubringen". Daher umfaßt die Rundfunkfreiheit das Recht, „frei von fremdem, insbesondere staatlichem Einfluß über die Auswahl, Einstellung und Beschäftigung der Mitarbeiter zu bestimmen".[46]

Auch die Personalpolitik kann hier nicht untersucht werden, löst aber immer wieder Apprehensionen aus: „Natürlich beschränkt sich der Zugriff der Gruppen keineswegs auf die Gremien, viel spürbarer wird er in den Reihen der Mitarbeiter selbst, deren Bekenntnis zu einem gesell-

---

[42] So richtig Bethge, AfP 1979, 286 ff.; Lerche, Landesbericht, S. 62.
[43] Außerdem haben sie wirtschaftliche Gründe angeführt und eine stärkere Regionalisierung gefordert.
[44] Zu einem Einzelfall, der Sendung „Am Anfang war die Erosangst", die gegen die Wahrheitspflicht und gegen die Pflicht, die sittliche und religiöse Überzeugung der Bevölkerung zu achten, verstieß, vgl. Kewenig, S. 148 f.
[45] Staatsvertrag über den Norddeutschen Rundfunk vom 20. 8. 1980, ARD-Jahrbuch 1982, S. 193.
[46] BVerfG 13. 1. 1982, BVerfGE 59, 231, 258 ff. (1. Senat). Dazu auch Rüthers, DB 1982, 1869 ff., sowie Ipsen, S. 115 f. Zum Einfluß der Personalpolitik auf die Ausgewogenheit des Programms Lerche, Landesbericht, S. 52 ff.

schaftlich mächtigen Patron sich schon deshalb geradezu empfiehlt, weil es sich auszuzahlen pflegt, je nach Art des Bekenntnisses freilich hier mehr als dort oder auch umgekehrt."[47]

Dazu Barsig:[48] Die Parteien „streiten es alle ab, und dennoch ist es so, daß sie auf die Personalpolitik der Rundfunk- und Fernsehanstalten mit mehr oder weniger Erfolg Einfluß zu nehmen versuchen. Nicht etwa nur bei den Spitzenpositionen, das geht herunter bis zum stellvertretenden Studioleiter oder gar bis zu den Nachrichtenredakteuren... Nichts kann sie [die Parteien] davon abhalten, in der Personalpolitik jede Rundfunkanstalt als ‚Beutestück' zu betrachten und in der Praxis auch so zu verfahren". „Man weiß das, aber niemand ist bereit, daraus Konsequenzen zu ziehen. Heute beklagen sich alle Parteien über die Staatsverdrossenheit der Bürger. Das, was sie in den Rundfunk- und Fernsehanstalten auf dem Gebiet der Personalpolitik treiben, das dürfte mit ein Grund dafür sein, daß es zu dieser Staatsverdrossenheit gekommen ist."[49]

Hierzu folgende Einzelheit: In Bitburg haben einmal Verfassungsrechtler mit Medienvertretern über die Zukunft des Rundfunks diskutiert, und dabei klagte man: Im Westdeutschen Rundfunk hätten zum § 218 StGB 30 Kommentatoren gesprochen, und von denen hätten 29 eindeutig die Fristenlösung bevorzugt; der dreißigste hätte sich mit Ach und Krach „irgendwo in die Nähe der Indikationslösung hingetastet. Daraufhin stand ein anwesender Vertreter des Westdeutschen Rundfunks auf... und sprach die geflügelten Worte: ‚Ja, es ging leider nicht anders, es hat sich nämlich in der Redaktion kein einziger gefunden, der etwas anderes als die Fristenlösung vertreten würde'".[50] Statt Vielfalt Einfalt.

Wie sehr sich die Rundfunkmitarbeiter und Gremienmitglieder besser fühlen denn ihre Brüder, zeigt die Entschließung des Rundfunkrats des Süddeutschen Rundfunks zum Kabelprojekt „Mannheim—Ludwigshafen" vom 19.1.1979,[51] die gegen das Kabelfernsehen das Bedenken vorbringt: „Die Zuschauer können noch leichter ‚unbequemen' Sendungen ausweichen."[52] Entgegengesetzt Bausch, der die Mitbürger nicht an (un-

---

[47] Klein, AfP 1977, 265.
[48] Die öffentlich-rechtliche Illusion, S. 175.
[49] S. 176 f. Zur Rolle der Redaktionsausschüsse, ebenda, S. 77 f. Zu den „jedermann bekannten" Versuchen der großen politischen Kräfte, im personellen Bereich manipulativ Einfluß zu nehmen, Lerche, Landesbericht, S. 60; zu Unrecht einschränkend ders., ebenda, S. 61.
[50] So der Bericht v. Loewensterns, in: Hamburger Medientage '79, S. 194.
[51] Südfunkinformationen des Süddeutschen Rundfunks, Stuttgart 1979, Heft 2, S. 3.
[52] Zitiert bei Klein, Rundfunkmonopol, S. 112.

bequeme) Sendungen heran-, sondern von (bequemen) Sendungen hinwegbringen will: Er befürchtet vom Kabelfernsehen, „daß der Bürger ... noch mehr (Zeit-)Anteile auf Informationsempfang verwendet und daß damit seine Möglichkeit, mitmenschliche Tätigkeit auszuüben, ... dezimiert wird".[53] Diesen Gedanken hat schon vor fast dreihundert Jahren Johann Peter Ludwig so ausgedrückt: „Dadurch dann ... viel Zeit, dem Gemeinwesen zum Abbruch, liederlich verdorben ... wird."[54] Den drei Verfassern gemeinsam ist ein lebhaftes Empfinden für das, was man einmal „die Schutzbedürftigkeit der niederen Klassen" genannt hat.[55]

Richtig weist Barsig darauf hin, daß seit dem Ende der sechziger Jahre eine Art Missionsjournalismus begonnen hat, „der eine andere Republik will",[56] eine Republik, die man nicht mehr führen kann, sondern nur noch verführen. Dazu berichtet Barsig Einzelheiten anhand der Beispiele Gewalt,[57] Wirtschaft,[58] Rauschgift,[59] § 218,[60] Kernenergie,[61] Radiothek[62] und Extremistenerlaß.[63] „Selbstverständlich meinen die sogenannten linken Bereiche in öffentlich-rechtlichen Rundfunkanstalten, die rechten Bereiche seien einseitig, und um die Pluralität wiederherzustellen, hätten sie das Recht, Minderheitenmeinungen extrem zu Worte kommen zu lassen ... So gibt es heute im öffentlich-rechtlichen Rundfunk ganze Bereiche, vor allem im Hörfunk, für die Pluralität nicht mehr der Maßstab ist. Das gilt für weite Teile des Jugendfunks ebenso wie für Kindersendungen, für die Bereiche, die sich mit Hochschulen und Gesellschaft befassen, und auch für den Kirchenfunk. Der Bazillus hat sogar schon zu einem Teil den Zeitfunk erreicht."[64]

Angesichts dessen ist es nicht erstaunlich, daß es im Frühjahr 1980 beim Norddeutschen Rundfunk eine Aktion „Freier Journalismus" gegeben hat, in der etwa 50 Redakteure des NDR (darunter Hans Walter Berg, Rudolf Borchers, Peter Schier-Gribowski und Hans Wilhelm Vah-

---

[53] Zitiert bei Klein, ebenda.
[54] Vom Gebrauch und Mißbrauch der Zeitungen, 1705, Nachdruck 1964, Hamburger öffentlich-rechtliche Nebenstunden, Band 9, S. 98, zitiert bei Klein, S. 121.
[55] Klein, S. 114.
[56] Barsig, S. 39. Zur Lage des Journalismus in den Vereinigten Staaten vgl. Time 12. 12. 1983, S. 44—53.
[57] S. 40 ff., *Anlage 2*, S. 76 ff.
[58] S. 54 ff.
[59] S. 62 f.
[60] S. 64.
[61] S. 65 ff.
[62] S. 68 ff.
[63] S. 72 ff.
[64] So Barsig, S. 75.

I. Organisation und Programm

lefeld) feststellten, „es habe in der Vergangenheit schwere Verstöße gegen die Grundsätze fairer und unparteilicher Berichterstattung gegeben".[65] „Es gibt in den Sendern Seilschaften, die die eingehenden Informationen nach Gutdünken filtern und nur weitergeben, was ihnen paßt."[66]

Wenn Seilschaften einer bestimmten Richtung in einem Sender insgesamt 70—80 % erreichen, dann sind die Anhänger einer anderen Richtung mit den restlichen 20—30 %, womöglich zerstreut über alle Abteilungen, nicht einmal in der Lage, sich jedenfalls noch ihrem prozentualen Anteil entsprechend in Personalfragen durchzusetzen und dafür gleichfalls eine Seilschaft zu bilden: Eine einzige Seilschaftsgruppe ist marktbeherrschend und braucht keinerlei Mißbrauchsaufsicht zu fürchten.

Die Macht von Gruppen innerhalb einer Anstalt kann auch zusammenhängen mit der Größe der Anstalt. Anstalten mit mehr als 1000 Mitarbeitern dürften verwaltungsmäßig kaum noch beherrschbar sein.

Das Bundesverfassungsgericht befürchtet, daß die Anwendung der Regeln und Maßstäbe des Arbeitsrechts die Gefahr in sich birgt, „daß im Rundfunk nicht mehr die ganze Vielfalt der in den Sendungen zu vermittelnden Inhalte in voller Breite wiedergegeben und gestaltet werden kann".[67] Es zeigt sich aber, daß diese Gefahr bereits verwirklicht ist, ob mit, ob ohne Arbeitsrecht.

Das Sprichwort lehrt: Wer bezahlt, bestimmt, welche Musik gemacht wird. Hier bestimmt die Musik, wer bezahlt wird.

Daher spricht Harms[68] von einer Aufspaltung der Arbeitnehmer in eine erste Klasse, die der Rundfunkjournalisten, ohne Risiko und Leistungszwang, und in eine zweite größere, die im Wettbewerb mit vollem Risiko nach Leistung entlohnt wird und für die erste Klasse die Gebühren zahlt. Zu der ersten Klasse sagt Harms:[69] „Innerhalb der autonomen Anstalten werden Einkommen und Privilegien in vielen Bereichen nicht mehr nach Leistung verteilt, sondern nach den durch Ancienität, Parteibuch, richtiger Gesinnung, Geschick usw. erreichten Positionen in der Redakteurshierarchie bestimmt. Folgerichtig müssen die meisten anspruchsvollen Produktionen von privaten Unternehmen außerhalb der Anstalten bezogen werden."

---

[65] Barsig, S. 81.
[66] So Buchwald, „Journalist" 1980, Nr. 6, zitiert bei Barsig, S. 82.
[67] BVerfG 13. 1. 1982, BVerfGE 59, 231, 265 ff.
[68] AfP 1981, 244, 248.
[69] a. a. O., S. 247.

Ähnlich sagt Geiger von den Organen der Anstalten: „Pfründen für Funktionäre, die sich wechselseitig nicht wehe tun und notfalls nach dem ihnen bekannten Gruppenmechanismus gegenseitig paralysieren — Pfründen, die da und dort schon die politischen Parteien ausschließlich unter sich verteilen." Von den Intendanten, Programmdirektoren, Abteilungsleitern und Sprechern und „vor allem auch" den Arbeitsteams sagt Geiger: „Sie alle müssen ... das Gefühl erhalten, ‚Herr' des Mediums geworden zu sein, eine Mission zu haben, die neuen selbsternannten praeceptores Germaniae zu sein." „Weil der Umgang mit der Macht verdirbt, wenn es an wirksamer Kontrolle fehlt. Die Anstalten sind wahrscheinlich die einzigen Inseln in der Demokratie, wo Macht ohne Risiko existiert."[70]

Nach allem kennzeichnet der Intendant des Westdeutschen Rundfunks von Sell die Situation richtig, wenn er dem Rundfunk eine „vierte Gewalt" zuspricht: „Natürlich sind wir eine vierte Macht, eine Macht, die das höchste Gut, über das eine demokratische Gesellschaft verfügt, nämlich das der freien Meinungsäußerung, treuhänderisch verwaltet, und zwar in seiner just hierfür ausgeprägten Organisationsform. Und natürlich sind die Zeitungen auf ihre Weise auch eine vierte Gewalt. Und ich sehe auch keinen Grund, warum man sich scheuen sollte, dies offen so einzuräumen. Gehört es vielleicht zu jenen merkwürdigen Keuschheiten unserer Gesellschaft, daß man sich von Macht generell distanziert, sie jedenfalls für sich selbst und die eigene Funktion mit Nachdruck dementiert ...?"[71] Von Sell sieht die Rundfunkanstalten in einer Kulturverbindung und dem hierdurch gegebenen Gemeinwohlbezug und setzt dem die ökonomische Bezugsgröße des wirtschaftlichen Erfolges beim „Kommerzfunk" entgegen.[72]

Vom wirtschaftlichen Erfolge in einem anderen Sinne spricht der Bericht des Landesrechnungshofes Rheinland-Pfalz für das Rechnungsjahr 1980 betreffend den Südwestfunk. Der Bericht wurde im Mai 1983 vorgelegt und kam Mitte Dezember 1983 in die Hände des Rundfunkrats. Er sagt laut Pressemeldungen:

Die Besoldungsgruppen B 4 bis B 10 sind beim Baden-Badener Sender elfmal so hoch vertreten wie im Landesdienst von Rheinland-Pfalz. Der Intendant bezieht ein um 49 % höheres Grundgehalt als der rheinlandpfälzische Ministerpräsident, und die Dienstbezüge dreier weiterer Direktoren sind gleichfalls höher als die des Regierungschefs. Die Dienstbezüge der übrigen Direktoren liegen bis zu 20 % über denjenigen der

---

[70] AfP 1977, 256, 259 f. Vgl. auch Klein, AfP 1977, 265.
[71] v. Sell, Aktuelle Probleme im Rundfunkbereich, in: Sieben, Beiträge zur Rundfunkökonomie, S. 4 ff., 8.
[72] a. a. O., S. 10 f.

I. Organisation und Programm

Landesminister. Die Versorgungsbezüge liegen durchweg — zum Teil sogar beträchtlich — über den Nettoeinkommen vor Eintritt in den Ruhestand. In Einzelfällen wurde eine Überversorgung bis zu 145 % festgestellt. Für Leistungen, die schon durch den Arbeitsvertrag abgegolten waren, sind zusätzliche Gebühren bezahlt worden. So erhielten der Intendant und sein Stellvertreter für die Beratung der anstaltseigenen Gesellschaft „Werbung im Südwestfunk"[73] monatlich 1000,— DM bzw. 750,— DM. Festangestellte SWF-Mitarbeiter haben einschließlich des Intendanten selbst für Kurzkommentare in der Reihe „Meine Meinung" jeweils 150,— DM bekommen. Der Intendant gab hier zu verstehen, „gute Schreiber" seien ohne Sondervergütung nicht zu Sonderleistungen bereit. — In ihrer Stellungnahme bemängelt die Leitung des Südwestfunks an dem Prüfungsbericht, daß Einzelvorgänge ausschließlich unter Kostengesichtspunkten bewertet worden seien.

Keinen Trost bietet hier die Hoffnung von Sells, es möge gelingen, „im öffentlichen Bewußtsein die Erkenntnis zu fördern, daß der Bürger dieses Landes der wahre Eigentümer des öffentlichen Rundfunks ist."[74]

All das läßt den Gedanken einer publizistischen Gewaltenteilung, nach dem die Presse privatwirtschaftlich, der Rundfunk aber öffentlich-rechtlich zu organisieren sei, in einer neuen Bedeutung erscheinen; sie ist die Umkehrung dessen, was die Erfinder der „publizistischen Gewaltenteilung" sich vorgestellt haben: Neben den eingeschränkten Möglichkeiten des Rundfunks soll die freie Vielfalt der Meinungen erst im Pressewesen zum Ausdruck kommen.[75] Vor diesem Hintergrund sind auch die Befürchtungen zu bewerten, private Fernsehprogramme würden das allgemeine Niveau der Rundfunksendungen senken.[76] Da die jetzige Organisation die Ausgewogenheit der Programme nicht gewährleistet, ist es schon deshalb verfehlt, die Rundfunkanstalten oder gar deren Redaktionen zu den eigentlichen Trägern der Rundfunkfreiheit des Grundgesetzes zu deklarieren[77] und nur die von der Rundfunkbüro-

---

[73] Zur Verfassungswidrigkeit der Rundfunkwerbung unten B II 2 c.
[74] a. a. O., S. 13.
Diese Ausweitung des Eigentümerbegriffs erinnert an die Frage nach dem Unterschied zwischen einer kapitalistischen und einer sozialistischen Fabrik: In der kapitalistischen Fabrik gehört die Fabrik dem Kapitalisten und die Autos vor der Fabrik den Arbeitern, und in der sozialistischen Fabrik gehört die Fabrik den Arbeitern und die Autos den Funktionären.
[75] Nachweise bei Scheuner, Rundfunkfreiheit, S. 64.
[76] Hoffmann-Riem, Rundfunkfreiheit, S. 36 ff.; Bethge, Zulassung von Rundfunkveranstaltern, S. 46 ff. Zudem nähern sich derartige Meinungen der Befürwortung einer Zensur; Scheuner, Rundfunkfreiheit, S. 73 f. mit weiteren Nachweisen. Vgl. auch Harms, AfP 1981, 248.
[77] Dazu einerseits Hoffmann-Riem, S. 21 ff.; andererseits Bethge, Verfassungsrechtsprobleme, S. 40; derselbe, AfP 1979, 286, 287; Klein, Rundfunkfreiheit, S. 18 f.; Geiger, Informationsfreiheit, S. 260.

kratie zusammengestellten Programme für geeignet zu halten, die grundrechtlich gebotene Meinungsvielfalt zu vermitteln.[78]

Die dargelegte pars pro toto macht die Auffassung von Elisabeth Noelle-Neumann klar, die die Rundfunkanstalten als „schiefe Gruppen" bezeichnet: „Im Kern geht es um das Problem der ‚schiefen Gruppen', d. h. eine Zusammensetzung z. B. einer Redaktion, in der ein Lager mit einer bestimmten Einstellung dominiert, ein anderes Lager mit einer anderen Grundeinstellung außerordentlich schwach vertreten ist. In diesem Sinne stellen heute unsere Rundfunkanstalten schiefe Gruppen dar. Diese Situation der schiefen Gruppe verändert den Menschen. Diejenigen, die zum dominierenden Lager gehören, werden verändert, und erst recht natürlich die Angehörigen der Minderheit. Von daher meine ich, daß es auch im Interesse von Journalisten ist, daß die Situation der schiefen Gruppen in den Rundfunkanstalten durch Öffnung neuer Kanäle, neuer Programme korrigiert wird. Auch im Interesse der Journalisten, es sei denn, daß Sie den Journalismus nur als Waffe betrachten, nur als politische Waffe zu einem Ziel. Dann, würde ich zugeben, hätten Sie Grund dazu, erstens zu lächeln und zweitens, sich die Ohren zuzuhalten, sonst aber würde ich sagen, jeder, der wirklich Journalist ist, muß an Vielfalt, einer Vielfalt von Einstellungen, die keine gruppendynamischen Zwänge erzeugt, tatsächlich interessiert sein und hoffen, daß er sie mitherstellen kann ... Ich habe natürlich sehr wohl gesehen, daß das Stichwort Entfremdung — Entfremdung zwischen Journalisten und Bevölkerung — ... bei Journalisten kein besonderes Interesse findet ... Mit Entfremdung meine ich, daß die Journalisten sich in ihren Einstellungen zu zentralen politischen Fragen sehr weit von Einstellungen entfernt haben, die von großen Teilen der Bevölkerung vertreten werden. Dies bedeutet umgekehrt, daß ein großer Teil des Publikums, ein großer Teil der Bevölkerung sich mit seiner Sichtweise in den Medien und speziell in den elektronischen Medien nicht mehr repräsentiert findet. So schön vielleicht der Konsensus unter Journalisten in der gegenwärtigen Berufssituation für die Mehrheit sein mag, sie müßten auch erkennen, wie gefährlich eine solche Situation auf die Dauer werden kann."[79] Zu Unrecht also verweist Schlaich[80] auf einen kompensativen Binnenpluralismus der Anstalten. Es bleibt bei der Feststellung Schmitt Glaesers, „daß die Staatsfreiheit des Rundfunks weithin ebenso zur Illusion geworden ist wie die pluralistische Ausgeglichenheit in den öffentlich-rechtlichen Rundfunkanstalten".[81]

---
[78] Vgl. Hoffmann-Riem, S. 16, 18; Jarass, Massenmedien, S. 186 f. Richtig Scheuner, Rundfunkfreiheit, S. 74 f.
[79] Noelle-Neumann, in: Hamburger Medientage '81, S. 193 f. Zu den Verhältnissen in den USA vgl. Time, a. a. O.
[80] Schlaich, Neutralität, S. 83 ff.
[81] Schmitt Glaeser, Kabelkommunikation, S. 108.

I. Organisation und Programm

All das und vieles mehr wird das Bundesverfassungsgericht zu berücksichtigen haben, wenn es nochmals über die Rundfunkorganisation zu befinden haben sollte. Auch ihm gilt der Satz des Publilius Syrus: Invitat culpam, qui peccatum praeterit.[82] Nicht länger darf es Schein für Sein halten. Nicht länger darf es Soll und Sein gleichsetzen.

> „Hebt es sich auf und berührt mit dem Scheitel die Sterne,
> nirgends haften dann die unsichern Sohlen,
> und mit ihm spielen Wolken und Winde."
> (*Goethe*, Grenzen der Menschheit)

3. Folgerung

Mit ausreichenden „Regelungen der Zusammensetzung und der Kompetenzen des Beirats", des Kollegialorgans, kann man keine „ausreichende Gewähr dafür bieten, daß die Veranstaltung von Rundfunksendungen den Anforderungen der Rundfunkfreiheit genügt".[83]

Den Mängeln ist eben nicht beizukommen durch bloße Organisationsregeln. Der Grund für das Ungenügen liegt im Herzen des Systems, nämlich im Herzen der Menschen:

> „Durch Adams Fall ist ganz verderbt
> menschlich Natur und Wesen,
> dasselb Gift ist auf uns vererbt,
> daß wir nicht konnten g'nesen..."

Auch für die Gremien gilt der alte scholastische Satz: „Operari sequitur esse."[84]

Daher mag es schwer sein, für Monopolanstalten eine wirkungsvollere Organisationsform zu finden. Dazu stellt Barsig fest: Neue Aufsichtsorgane „würden nach kurzer Zeit unter den gleichen Konstruktionsfehlern leiden, wie heute schon die Rundfunkräte bei der ARD und der Fernsehrat beim ZDF — dem Krebsübel der Parteipolitisierung, dem Stellenschacher und der parteipolitischen Einflußnahme auf die Programme".[85]

---

[82] Sentenzen I 9.
[83] Vgl. BVerfGE 57, 329, Urteilsgründe C III 3.
[84] Das beachtet nicht Scheuner, Rundfunkfreiheit, S. 92, und beurteilt daher die Möglichkeiten, Abhilfe zu schaffen, optimistisch. Es geht nicht, wie Scheuner meint, um die „Abstellung mancher Mängel und die bessere Ausrichtung an den leitenden Gedanken binnenpluralistischer Struktur (Meinungsvielfalt, Unabhängigkeit von übermäßigen staatlichen und politischen Einflüssen, Ausgewogenheit des Programms)", S. 93. Zu optimistisch wohl auch Starck, Organisationsproblem, S. 34 ff. und S. 42, These 6.
[85] Barsig, S. 35. Ebenso Klein, AfP 1977, 265.

Die Monopolanstalten sind aber, so scheint es, die einzige mögliche Lösung, solange die Sondersituation des Rundfunks besteht, nämlich Frequenzknappheit und besonders hohe finanzielle Aufwendungen.[86] Auch ein Teil der mit der Organisationsform Monopolanstalten verbundenen Mängel ist unvermeidlich, solange die Monopolanstalten unvermeidlich sind.

Die Grenzen des Möglichen sind verfassungsrechtlich bedeutsam; denn auch für das Grundgesetz gilt der Satz des Celsus: „Impossibilium nulla obligatio."[87] Auch für das Grundgesetz gilt der abgewandelte § 306 BGB: „Eine auf eine unmögliche Leistung gerichtete Verfassungsbestimmung wäre nichtig."

Daraus folgt: Man kann die Monopolanstalten, solange sie unvermeidlich sind, nicht insgesamt für verfassungswidrig erklären wegen derjenigen ihrer Mängel, die unvermeidlich sind. Für diese Zeit sind die Monopolanstalten also noch gerade eben von der Verfassung hinnehmbar, obwohl sie ex ante ein ausgeglichenes Programm nicht garantieren, ein unausgeglichenes oft nicht verhindern und einseitig unsachlichen Einflüssen von Parteien und Staat unterworfen sind.[88]

Mißt man das an den Forderungen der Verfassung, das Sein am Sollen, so muß man Barsig zustimmen: Das Organisationsmodell der pluralistischen Binnenstruktur ist gescheitert.[89]

Hier ist noch einmal auf die Auffassung des Bundesverfassungsgerichts zurückzukommen, daß Rundfunkfreiheit Freiheit von Kollektivzwängen sei.[90] Damit fragt sich, wer in einer Anstalt bestimmen soll, was getan wird und was nicht getan wird. Eine solche Bestimmungsmacht ist für jede menschliche Gemeinschaft unverzichtbar. Nach der Vorstellung des Bundesverfassungsgerichts sollten die Gremien dafür sorgen, daß die Anstalt die richtigen Leitungsimpulse erhält, und in diesen Gremien sollten sich die einzelnen gesellschaftlichen Gruppen neutralisieren. In jedem Gremium setzt sich aber grundsätzlich der Stärkste durch; wohin sollte es auch wohl führen, wenn sich stets der Schwächste durchsetzte und die Führung übernähme? Das haben die Soziologie wie (für Gänse und Primaten) die Tiersoziologie längst festgestellt. Der Belege dafür bedarf es nicht: Wo der Vornehme mit Sechsen aus der Hand hinfährt, kommt der gemeine Mann zu Fuß hin.

---

[86] Oben A III 4.
[87] Dig. 50.17.185.
[88] Scheuner, Rundfunkfreiheit, S. 92, spricht von einem erheblichen Defizit der Modellverwirklichung.
[89] Hamburger Medientag '81, S. 148 f.
[90] Oben A IV 1.

I. Organisation und Programm

Neutralität des Gremieneinflusses ist daher nur unter einer von zwei Bedingungen möglich: Entweder neutralisieren sich die Mitglieder des Gremiums dadurch, daß die von ihnen vertretenen Gruppen ungefähr gleich stark sind. Oder die Starken machen aus rechtlichen wie aus außerrechtlichen Gründen von ihrer überlegenen Stärke keinen Gebrauch und zügeln sich freiwillig. Die erste Bedingung ist wohl nirgends auf der Welt zu verwirklichen, und die zweite vielleicht nur in Großbritannien, jedenfalls nicht im nördlicheren Teil Deutschlands. Für eine prästabilierte Harmonie spricht nichts und für eine prädestabilierte Harmonie vieles. Früher hat man vielleicht einmal etwas anderes erwartet, möglicherweise deshalb, weil damals die führende Schicht auf sich selbst mit größerem Optimismus blickte als auf ihre Vorgängerin. Heute jedenfalls ist festzustellen: Eine Erwartung der angedeuteten Art beruht allzu oft auf einem falschen Menschenbild. Bei der Berührung mit der Wirklichkeit zerplatzt dann die Illusion geräuschlos wie eine Seifenblase. Das Organisationsmodell des Binnenpluralismus gewährleistet keine dauernde Ausgewogenheit.

Für die Zeit der Sondersituation des Rundfunks (Frequenzknappheit und hohe Kosten) hat man sich also mit einer Utopie beholfen, die vielleicht besser war als offene Ratlosigkeit. Mit dem Aufhören der Sondersituation aber entfällt eine solche Rechtfertigung für eine zu frühe Beendigung des Denkens. Nicht mehr darf man Strandfeuer für Leuchttürme halten.

Verfassungsrechtliche Bedeutung erlangt das in dem Augenblick, in dem die Chance entsteht, durch eine andere Organisationsform einen Zustand zu erreichen, der den verfassungsrechtlichen Forderungen näherkommt, als es die jetzigen Anstalten vermögen. Dann gebietet die Verfassung, die Chance wahrzunehmen. Die Rechtslage ähnelt der des Besatzungsrechts: Es galt nach dem Inkrafttreten des Grundgesetzes auch insoweit zunächst noch weiter, als es verfassungswidrig war. Nichtig wegen Widerspruchs gegen die Verfassung wurde es erst in dem Maße, in dem möglich wurde, es zu ändern.[91]

Die Chance, die eine andere Organisationsform bietet, braucht nicht einmal besonders groß zu sein, um jenes Verfassungsgebot auszulösen: Bei Fischelosigkeit ist sogar der Krebs ein Fisch, sagen die Russen. Tatsächlich ist der Privatrundfunk aber kein Krebs, sondern ein echter Fisch.[92]

---

[91] Nachweise bei BVerfG 3. 11. 1982, NJW 83, 2309.
[92] Das Sprichwort denkt an die Stillung eines gesunden Bärenhungers, nicht aber an erlesenen Gaumenkitzel für Satte. Auch das entspricht der heutigen Rundfunksituation.

II. Finanzierung

Das Dritte Rundfunkurteil hat sich mit den verfassungsrechtlichen Konsequenzen für die Regelung einer Finanzierung als mit einer Einzelheit der gesetzlichen Ausgestaltung nicht befaßt.[93]

1. Gebühren

a) Sachverhalt

aa) Einzug und Höhe

Die Länder haben durch Landesgesetze und Staatsverträge das Bundesgebiet in Regionen aufgeteilt und jeder Regionalanstalt eine Region zugewiesen. Jeder Bürger, der Rundfunk empfängt, muß dafür an die Anstalt seiner Region die Rundfunkgebühr bezahlen.[94]

Damit hat das Monopol der Anstalten eine doppelte Wirkung: Nur der numerus clausus der zugelassenen Anstalten darf in der Bundesrepublik Rundfunk senden. Nur wer an „seine" Regionalanstalt die Gebühr bezahlt, darf Rundfunk empfangen. Der Zahler ist aber weder verpflichtet, überhaupt zu empfangen, noch ist er auf den Empfang der Anstalt seiner Region beschränkt.

In Nordrhein-Westfalen (WDR), Bayern (Bayerischer Rundfunk), Hessen (Hessischer Rundfunk), Bremen (Radio Bremen), Berlin (Sender Freies Berlin) sowie im Saarland (Saarländischer Rundfunk) stimmen die Gebühreneinzugsregionen mit den Ländergrenzen überein. Niedersachsen, Schleswig-Holstein und Hamburg sind die Gesellschafter des Norddeutschen Rundfunks und Teile Baden-Württembergs mit Rheinland-Pfalz die des Südwestfunks; entsprechend sind die Gebühreneinzugsregionen. Baden-Württemberg wird auch vom Süddeutschen Rundfunk bedient. Die Deutsche Welle und der Deutschlandfunk besitzen keine Gebühreneinzugsregionen, und ihre Programme sind demgemäß nicht an Grenzen der Länder ausgerichtet. Der Sender RIAS hat einen Sonderstatus. Alle ohne das ZDF bilden die ARD.

Das ZDF ist eine Gründung der Länder und nach dem Vorbild der Landesrundfunkanstalten organisiert, hat aber, wie die beiden Anstalten des Bundes und der Sender RIAS, keine Gebühreneinzugsregionen.

---

[93] Urteilsgründe C II 2 vor a, S. 324. Kopper, Publizistik, 1982, S. 680, spricht von einem „eklatanten Mangel an vertiefenden Grundmaterialien gerade zur Finanzierung des öffentlich-rechtlichen Rundfunks — gerade das ZDF hat in diesem Punkt über Jahre hinweg eine nur unzureichend für die Öffentlichkeit geeignete Verständigungsarbeit geleistet". Vgl. aber Heygster / Maseberg, Fernsehkritik. Die Finanzierung des Rundfunks, a. a. O.

[94] Karten im ARD-Jahrbuch 1982, S. 182 und 279; vgl. auch *Anlage 3*, S. 94 f.

II. Finanzierung

Die Dritten Programme werden von den Landessendern ausgestrahlt.

Die einzelnen Landesrundfunkanstalten haben 1981 zusammen 2 192 609 708 DM an Fernsehgebühren einziehen lassen. Davon haben sie 30 % an das ZDF abgeführt, also 657 782 912 DM; für die Landesrundfunkanstalten verblieben daher 1 534 809 708 DM.

Hinzu kamen die Hörfunkgebühren von 1 028 426 387 DM, zusammen also 2 563 236 095 DM.[95]

Eingezogen werden die Gebühren von der Gebühreneinzugszentrale der öffentlich-rechtlichen Rundfunkanstalten in der Bundesrepublik Deutschland (GEZ), einer öffentlich-rechtlichen, nicht rechtsfähigen Verwaltungsgemeinschaft, getragen von den ARD-Landesrundfunkanstalten und dem ZDF.[96]

Die Höhe der Gebühr wird festgesetzt durch die ratifizierenden Landesparlamente. Sie richten sich dabei nach den Kosten, ohne die Kosten aber überprüfen zu können. Auch die Kollegialorgane können die Kosten nicht wirksam kontrollieren, und die Intendanten wohl auch nicht.[97]

So liegen die anstaltsinternen Verrechnungspreise für bestimmte Leistungen, verglichen mit den Marktpreisen Dritter, häufig höher, z. B. für Kameraleute, Maskenbildner und Beleuchter. Das führt der WDR darauf zurück, daß „die Nutzung der Produktionsmittel in einer öffentlich-rechtlichen Rundfunkanstalt, u. a. bedingt durch eine strengere Beachtung der Arbeitszeitordnung, nicht so intensiv ist und sein kann wie in den entsprechenden Gewerbebetrieben. Hierbei spielt auch eine Rolle, daß in einer Rundfunkanstalt für die Personalleistungen im Produktionsbereich Gehälter und keine Akkordlöhne gezahlt werden. Darüber hinaus sind in den Verrechnungspreisen auch Kosten zentraler Dienste des WDR insgesamt verrechnet worden (Telefonzentrale, Fuhrpark), so daß sich daraus ebenfalls ein preissteigernder Effekt gegenüber den Leistungen Dritter ergab. In diesem Zusammenhang muß auch berücksichtigt werden, daß Rundfunkanstalten in beträchtlichem Umfang, z. B. für politisch-aktuelle Ereignisse und Sportübertragungen, Kapazitäten für Spitzenbelastungen vorhalten müssen, deren wirtschaftlich optimale Auslastung nicht möglich ist. Im Ergebnis gelingt es den Rundfunkanstalten nicht, den gleichen Kostendegressionseffekt zu erzielen wie

---
[95] ARD-Jahrbuch 1982, S. 254; vgl. auch die Ertragsrechnung, ebenda, S. 280, unter I A 1. Ferner ZDF-Jahrbuch 1982, S. 155 sowie die Betriebsrechnung des ZDF, ebenda, bei S. 164.
[96] Vgl. Verwaltungsvereinbarung vom 14. 5./15. 6. 1975, ARD-Jahrbuch 1979, S. 274 f.
[97] Auf die aufgeblähten Kosten weist hin Harms, AfP 1981, 246. Zum Auseinanderfallen der Instanzen, die die Einnahmen festsetzen, von denen, die die Ausgaben festsetzen (Kollegialorgane, Intendanten), Bösel, in: FIW, S. 65.

Gewerbebetriebe, die rein gewinnorientiert wirtschaften."[98] Daher „sind die auf Vollkosten basierenden Verrechnungspreise im WDR im Vergleich mit den entsprechenden Preisen Dritter vielfach als unseriös empfunden worden. Dies trug zur mangelnden Auslastung der WDR-eigenen Produktionsmittel bei; fixe Kosten blieben ungedeckt und wurden dann am Preis des Fremdproduzenten gleichsam das zweite Mal honoriert."[99]

Der WDR hat ab 1983 die bisherige Vollkostenrechnung aufgegeben[100] und wendet statt dessen eine Teilkostenrechnung an.[101] Diese Teilkostenrechnung ist entscheidungsorientiert und dient der kurzfristigen Betriebssteuerung. Hier wird darauf verzichtet, die in der Kostenartenrechnung[102] erfaßten Kosten mit Hilfe von Verteilungsschlüsseln auf die Kostenstellen aufzuteilen. Den Kostenstellen werden nur noch die kurzfristig beeinflußbaren Kosten zugerechnet. Damit entfallen Personalkosten, Steuern, Abschreibungen, Aufwendungen für den Finanzausgleich, Telefonzentrale, Fuhrpark usw. Vollkostenrechnungen werden nur noch fallweise erstellt, etwa für den ARD-Kostenvergleich, für vergleichende Wirtschaftlichkeitsrechnungen, für Kostennutzenanalysen und für die Bewertung von Leistungen der Anstalt, die Dritte in Anspruch nehmen.[103]

Beim WDR ist noch zu berücksichtigen: Nichtkassenwirksame Aufwendungen gelangen nicht in die Ertrags- und Aufwandsrechnung. Dazu gehören insbesondere Rückstellungszuführungen für die Alters- und Hinterbliebenenfürsorge. Bei einigen Anstalten, bei denen das, entsprechend aktienrechtlichen Grundsätzen oder besser Möglichkeiten, doch geschieht, ist das Eigenkapital bereits vollständig aufgezehrt und nur noch ein negatives Eigenkapital vorzuzeigen.[104] Eine derartige Handhabung geht nach Auffassung des WDR am Wesen öffentlich-rechtlicher Rundfunkanstalten vorbei.[105] Das heißt, die erst später fällig werdenden Pensionszahlungen müssen aus den Gebühren derjenigen Jahre geleistet werden, in denen die Zahlungsverpflichtung zu erfüllen ist: Für die Programmleistungen von heute müssen die Gebührenschuld-

---

[98] Lindemann, Kosten- und Leistungsrechnung als Instrument der Betriebsführung im Rundfunkbereich — dargestellt am Beispiel des WDR —, in: Sieben, Rundfunkökonomie, S. 66 ff., 71.
[99] Lindemann, a. a. O., S. 72.
[100] Zum Begriff Börner, Studien, Band III, S. 315.
[101] Börner, a. a. O., S. 316 ff.
[102] Börner, a. a. O., S. 312.
[103] Lindemann, a. a. O., S. 75.
[104] Wössner, Methoden und Probleme der Haushaltsplanung und -überwachung beim WDR, in: Sieben, Rundfunkökonomie, S. 53 ff., 64.
[105] Wössner, ebenda.

ner von morgen zahlen. Das entspricht dem Zeitgeist, der gerade in diesem Punkte sogar schon das Aktienrecht korrumpiert hat.

bb) Finanzausgleich zwischen den Rundfunkanstalten

Die Rundfunkanstalten führen untereinander einen Finanzausgleich durch in Höhe von 131,32 Mio. DM.[106] Diese Summe bringen auf Westdeutscher Rundfunk, Norddeutscher Rundfunk, Bayerischer Rundfunk, Südwestfunk, Süddeutscher Rundfunk und Hessischer Rundfunk (Reihenfolge nach der Größe des Beitrages). Sie teilen das Geld auf auf Deutschlandfunk, Sender Freies Berlin, Saarländischen Rundfunk und RIAS Berlin.[107]

b) Wirtschaftliche Würdigung

Man spricht vom Monopol der öffentlich-rechtlichen Rundfunkanstalten gegenüber den Rezipienten.[108] Das kann sich nicht auf die Empfangsmöglichkeiten beziehen, d. h. auf die Gegenleistung für die vom Rezipienten entrichtete Gebühr: Jedermann, der einen zugelassenen Radioapparat hat, darf nicht nur seine Regionalanstalt empfangen, sondern alle deutschen Rundfunkanstalten[109] und alle Hörfunkstationen der übrigen Welt. Demgemäß leben von den Hörern des SWF 3 nur 40 % in Rheinland-Pfalz und Baden-Württemberg, dem Sendegebiet des Senders, wohl aber 25 % in Nordrhein-Westfalen, dem Sendegebiet des Westdeutschen Rundfunks.[110] Beim Fernsehen ist es enger: Hier kann vorerst noch (abgesehen von Grenzlandbewohnern) jedermann nur diejenigen Sendungen sehen, die die ARD, seine Regionalanstalt und das ZDF ausstrahlen.[111]

Selbst bei einer Beschränkung auf die deutschen Anstalten kann man nicht von einem Oligopol sprechen. Ein Oligopol fordert nicht nur, daß der Käufer sich einer kleinen Zahl von Anbietern gegenübersieht, unter

---

[106] Vgl. die im ARD-Jahrbuch 1982, S. 165 angegebenen Rechtsquellen sowie zu den Zahlen ebenda, Ertragsrechnung, S. 254, II A 9; siehe aber auch I A 3.

[107] *Anlage 4*, S. 96.
Das beruht jetzt auf dem Staatsvertrag der Länder über einen Finanzausgleich zwischen den Rundfunkanstalten vom 20. 9. 1973, ARD-Jahrbuch 1974, S. 317. Zu zwei weiteren Verwaltungsvereinbarungen vgl. ARD-Jahrbuch 1982, S. 165.

[108] Vgl. Harms, AfP 1981, 246.

[109] Dafür stehen 370 Tonrundfunksender zur Verfügung; vgl. Ratzke, Medien, S. 318.

[110] Vgl. Bundesverband Deutscher Zeitungsverleger, Tabellen 14 und 15. Bei Radio Bremen wohnen 78,8 % der Hörer außerhalb des Sendegebietes, beim Südwestfunk 1 47,1 %, beim Süddeutschen Rundfunk 3 46,7 %, beim Saarländischen Rundfunk 43,5 % und beim Süddeutschen Rundfunk 1 38,0 %.

[111] Dafür stehen 251 Grundnetzsender großer Leistung und 5024 Füllsender kleiner Leistung (Umsetzer) (1981) zur Verfügung; Ratzke, S. 318.

denen er auswählen mag — das trifft für das deutsche Rundfunkangebot zu. Es stellt vielmehr weitere Voraussetzungen auf, die sich aus den Rechtsbeziehungen zwischen den Beteiligten ergeben. Ein Oligopol fordert, daß der Käufer nicht nur die Leistung eines der Oligopolisten aussucht, sondern auch seine Gegenleistung, den Kaufpreis, eben diesem und keinem anderen der Oligopolisten und nicht der Gesamtheit der Oligopolisten zahlt.

An dieser Verbindung zwischen Leistung des Rezipienten und Gegenleistung nur eines der Oligopolisten fehlt es: Der Rezipient braucht nicht an denjenigen zu zahlen, dessen Leistung er in Anspruch nimmt. Wer nur den Deutschlandfunk hört, weil er sich von Lokalem abschalten will, hört einen deutschen Sender, der von keinem Hörer unmittelbar Gebühren erhält. Vollends fehlt der Zusammenhang zwischen Leistung und in Anspruch genommener Gegenleistung, wenn man den Soldatensender eines der Verbündeten oder einen ausländischen Sender hört. Einen derartigen Sachverhalt erfaßt der Begriff des Oligopols nicht. Auch aus der Sicht der Anstalten fehlt es an einem Zusammenhange zwischen ihrer Leistung für den Hörer und dem Gebührenaufkommen von dem Hörer: Die Höhe des Gebührenaufkommens einer Anstalt ist unabhängig davon, ob das ausgestrahlte Programm den Hörern paßt oder nicht. Demgemäß ist der WDR die reichste Rundfunkanstalt nicht deshalb, weil er das beste Programm ausstrahlt, sondern weil in seinem Gebührengebiet 27 % der bundesdeutschen Bevölkerung sitzen. Bei Beschwerden, etwa über das „Kritische Tagebuch" seines 3. Programms, kann er, seiner Sitzrente sicher, getrost einstimmen in den Bachchoral: „Tobe Welt und springe, ich sitz hier und singe in gar sicherer Ruh." Le programme c'est moi.

Demgemäß hat der Landesrechnungshof von Nordrhein-Westfalen in seiner Prüfung des WDR für die Jahre 1979 und 1980 darauf hingewiesen: Wegen der fehlenden Beziehung zwischen Kosten und Erlösen könne die Kostenrechnung keine Erkenntnis darüber liefern, welches Produkt erfolgreich vom Markt abgenommen worden sei. Die Kostenträgerrechnung könne somit keine Hinweise im Hinblick auf eine wirtschaftliche Betriebsführung liefern.[112]

Mit einem Oligopol ist es auch unverträglich, daß der Rezipient infolge des Finanzausgleichs de facto nicht an eine bestimmte Anstalt zahlt, sondern in eine öffentlich-rechtliche Ausgleichskasse, die das Gesamtaufkommen nach einem öffentlich-rechtlichen Schlüssel unter die Anstalten, eine Art Likedeeler, aufteilt. Auf den Schlüssel hat die Hörerschaft keinen Einfluß. Auch diesen Sachverhalt erfaßt das Wort

---

[112] Lindemann, in: Sieben, Rundfunkökonomie, S. 69 f.

Oligopol nicht: Es kennt, was den Austausch angeht, keine Kollektive auf der „Verkaufsseite", sondern nur Einzelpersonen.

Die Rundfunkanstalten treten dem Rezipienten gegenüber geschlossen wie eine einzige Person auf: Der Rezipient kann nur an eine bestimmte Zahlstelle, seine Regionalanstalt, vertreten durch die Gebühreneinzugszentrale, zahlen und hat mit der Aufteilung nichts mehr zu tun. Was die Zahlung angeht, sieht der Rezipient sich also einem Monopol gegenüber. Daß er aufgrund der Zahlung an eine der Anstalten die Programme auch der anderen Sender empfangen kann, macht den Sachverhalt dem durch einen Monopolisten vorgenommenen Koppelungsverkauf ähnlich: Der Rezipient kann den Empfang seiner bevorzugten Anstalt nur erkaufen damit, daß er zugleich auch die Möglichkeit zum Empfang aller anderen Programme kauft, möge er sie brauchen oder nicht. Man kann also von einem Monopol gegenüber dem Rezipienten sprechen hinsichtlich der Programme nicht der einzelnen Anstalt, wohl aber hinsichtlich der Gesamtheit aller deutschen Anstalten. Sie verkaufen ihre Programmleistung nur geschlossen, und der Rezipient kann seine Billigung oder Mißbilligung des Programms einer bestimmten Anstalt nicht dadurch zum Ausdruck bringen, daß er seine Gebühr einer Anstalt zugute kommen läßt und den anderen entzieht; er kann nur die Programme aller Anstalten als Paket kaufen. Seine Mißbilligung durch Nichtzahlung kann der Rezipient nur dadurch wirksam machen, daß er auf Hörfunk, Fernsehen oder beides ganz verzichtet.[113]

Wäre es auf dem Pressemarkt ebenso, dann könnte man etwa in Köln den „Express" nur zusammen mit der „Bild-Zeitung" und der „Frankfurter Allgemeinen" kaufen; dem würde das kartellrechtliche Horrorbild folgen, daß das Trio den Kaufpreis unter sich aufteilte.

Die Betrachtung des Verhältnisses zwischen zwei Vertragspartnern, hier Landesrundfunkanstalt und Rezipient, bedarf der Ergänzung durch die Darstellung des Verhältnisses zwischen Konkurrenten, die gegenüber dem Vertragspartner auf gleicher Ebene stehen.[114] Das gilt auch für ein Monopol: Bei ihm sind mangels Konkurrenten jedenfalls die potentiellen Konkurrenten einzubeziehen. Das sind die Presseunternehmen sowie sonstige Unternehmen insofern, als sie, wäre es erlaubt, gleichfalls Rundfunksendungen ausstrahlen könnten. Auch ihnen stellt sich der Block der öffentlich-rechtlichen Anstalten als ein Monopolist dar, weil nur er ausstrahlen darf, sie aber nicht. Das Recht setzt dem Marktzugang (noch) unüberwindbare Schranken entgegen.

---

[113] Zum gleichen Ergebnis, Monopol, kommen Scheuner, Rundfunkfreiheit, S. 62 f.; Lerche, Rundfunkmonopol, S. 41 ff., 68; Hoffmann-Riem, S. 33 ff.; Herrmann, Fernsehen und Hörfunk, S. 336 ff.; Badura, Bindungen, S. 55 ff.
[114] Zur Systematik vgl. Börner, DB 1983, 923 ff.

2. Werberundfunk

a) Sachverhalt

Mit den Gebühren kommen die Anstalten nicht aus. Deshalb verschaffen sie sich durch Werbesendungen weitere Einnahmen.[115] Fernsehwerbung betreiben alle Anstalten, Hörfunkwerbung alle Landesrundfunkanstalten außer vorläufig noch dem WDR.[116] An Umsätzen haben die Anstalten 1981 eingenommen:[117]

	Brutto	Netto
Werbefunk	470 000 000 DM	357 000 000 DM
Werbefernsehen	888 000 000 DM	702 000 000 DM
Summe	1 358 000 000 DM	1 059 000 000 DM

Das bedeutet eine durchschnittliche Aufstockung des Gebührenaufkommens beim Funk um 46 %/o und beim Fernsehen um 58 %/o, bei beiden zusammen um 53 %/o.[118]

Beim ZDF ist eine vergleichbare Rechnung insofern nicht möglich, als das ZDF-Jahrbuch 1982 in den kargen Zeilen und Zahlen der Betriebsrechnung nur die Erträge, nicht aber die Umsätze angibt.[119] Legt man die gleiche Differenz zwischen Netto und Brutto zugrunde wie beim Fernsehen der ARD-Anstalten, nämlich 100 : 126, so ergibt sich ein geschätztes Bruttoaufkommen des ZDF aus Werbung von 555 852 805 DM. Das bedeutet eine Erhöhung des Gebührenaufkommens des ZDF um 85 %/o.[120]

---

[115] Die Werbung ist ein besonderes Kennzeichen nicht nur der Marktwirtschaft, sondern jeder Wirtschaft, insbesondere auch einer sozialistischen. Aber in der Marktwirtschaft werben die Verkäufer um die Käufer und in der sozialistischen die Käufer um die Verkäufer. Die Verkäufer können für ihre Werbung um die Käufer den Rundfunk sinnvoll einsetzen, nicht aber die Käufer für ihre Werbung um die Verkäufer. Daher gibt es Werbefunk und Werbefernsehen nur in der westlichen Welt. Zur Werbung der Käufer um die Verkäufer vgl. insbesondere Constantin M. Simis, USSR: The Corrupt Society, 1982, mit zahlreichen neuen Einblicken.

[116] Die Werbegesellschaften der Landesrundfunkanstalten sowie deren „Arbeitsgemeinschaft Rundfunkwerbung" (ARW) sind aufgezählt im ARD-Jahrbuch 1982, S. 240—245. Die ARW gibt die Zeitschrift „Media Perspektiven" heraus.

[117] *Anlage 5*, S. 97 f.; vgl. auch ARD-Jahrbuch 1982, S. 292 f.

[118] Man muß hier die Bruttozahlen der Werbeeinnahmen zugrunde legen, weil auch das Gebührenaufkommen als Brutto und nicht als Saldo zwischen Einnahmen und Ausgaben angegeben wird.

[119] S. 164; vgl. auch S. 155.

II. Finanzierung

Das Fernsehen darf werktäglich höchstens 20 Minuten Werbesendungen ausstrahlen; die Dritten Fernsehprogramme werben überhaupt nicht. Das ergibt sich für das ZDF aus dem Staatsvertrag betreffend das ZDF vom 6.6.1961 sowie aus dessen Schlußprotokoll. Die ARD-Landesrundfunkanstalten haben auf Wunsch der Landesregierungen durch einseitige Erklärungen dieselbe Begrenzung übernommen. Eine Ausnahme macht Bayern 3.

Für den Hörfunk haben die Aufsichtsorgane einzelner Anstalten zeitliche Grenzen für die Werbung festgelegt, die sie nach Belieben erweitern können. Eine Regelung auf Bundesebene wie beim Fernsehen fehlt hier. In den 13 Hörfunkprogrammen beträgt die durchschnittliche tägliche Werbesendungszeit 45 Minuten.[121]

Nach § 35 II des neuen NDR-Staatsvertrages setzen die Landesregierungen durch Vereinbarung die Dauer der Hörfunkwerbung fest.

b) Wirtschaftliche Würdigung

Die wirtschaftliche Bedeutung des Werbefunks für die Medienlandschaft ergibt sich zum einen aus der zeitlichen Entwicklung der Werbefunkeinnahmen und zum anderen aus der Beziehung zu den Anzeigeneinnahmen der Presse.

aa) Zeitliche Entwicklung der Einnahmen des Werberundfunks

Die Rundfunkwerbung expandiert seit ihrem Beginn, und zwar sowohl was die absolute Höhe der Einnahmen als auch was deren Anteil an den Gesamteinnahmen des Senders betrifft.

Die Entwicklung der Werberundfunkumsätze zeigt folgende Tabelle:[122]

---

[120] All das nennt Bethge, Werbung, eine „bloß akzidentielle Nutzung des visuellen Massenkommunikationsmittels" (S. 692), eine „erwerbswirtschaftlich motivierte Randaktivität" (S. 697).
[121] Naeher, Stirbt das gedruckte Wort?, S. 117.
[122] Verband Nordwestdeutscher Zeitungsverleger usw., Hörfunkwerbung im NDR, Anhang B, S. 1.

	1970 Mio. DM	%	1981 Mio. DM	%	1981 (1970 = 100)	Durchschnittl. jährliche Wachstumsrate
Hörfunk	206	6	610	8	296	10,37
Fernsehen	645	19	1453	19	225	7,66
Hörfunk und Fernsehen	851	25	2063	27	242	8,38
Zeitungen	952	27	1999	26	210	6,98
Zeitschriften	1673	48	3588	47	214	7,18
Summe	3476	100	7650	100		7,43

Verteilt auf die einzelnen Hörfunksender ergibt sich ein differenziertes Bild:[123]

	Werbeumsätze in Mio. DM 1970	1981	(1970 = 100) 1981	Durchschnittl. jährliche Wachstumsrate
Radio Luxemburg	70,9	137,3	194	6,19
Bayerischer Rundfunk	19,7	101,6	516	16,08
Südwestfunk	28,1	86,3	307	10,74
Hessischer Rundfunk	16,7	82,5	494	15,63
Norddeutscher Rundfunk		57,2		
Süddeutscher Rundfunk	20,1	57,1	284	9,96
Radio Bremen	18,0	35,6	198	6,40
Saarländischer Rundfunk	18,3	28,2	154	4,01
Sender Freies Berlin	14,0	24,1	172	5,06
Total	205,8	609,8	296	10,38

Daß die Hörfunkwerbung am stärksten wächst, ist wohl darauf zurückzuführen, daß jede einzelne Anstalt den Umfang nach eigenem Ermessen festsetzen darf.

[123] a.a.O., S. 4.

II. Finanzierung

Das zeitliche Wachstum der Hörfunkwerbesendungen ergibt sich aus folgender Tabelle:[124]

	Stunden absolut	Index	Wachstumsrate
1970	2180	100	
1981	3359	154	4,01

Auch hier ist die Entwicklung bei den einzelnen Ländern verschieden, wie folgende Tabelle zeigt:[125]

	Sendezeit für Werbung im Hörfunk 1979	Veränderung 1976—1979 %	Ordnungs- Nr. für die Veränderung	Jährliche Wachstums- rate
Bayerischer Rundfunk	596	+ 20,6	7	6,46
Hessischer Rundfunk	493	+ 45,4	2	13,30
Radio Luxemburg	458	+ 18,7	8	5,87
Südwestfunk	443	+ 89,3	1	23,71
Süddeutscher Rundfunk	340	+ 34,4	5	10,35
Radio Bremen	307	+ 39,5	3	11,75
Sender Freies Berlin	260	+ 38,3	4	11,41
Saarländischer Rundfunk	262	+ 31,7	6	9,60
Durchschnitt über alle Sender	395	+ 36,7		

Da die Sendezeit weniger angewachsen ist als die Umsätze, haben die Sender die Preise angehoben. Nimmt man die durchschnittlichen Sekundenpreise, so sind die Preise von 1970 = 100 auf 1981 = 184 gestiegen, was einer jährlichen Wachstumsrate von 5,7 % entspricht.[126]

Die Entwicklung von 1977—1981 für die Einschaltpreise im Hörfunk war:[127]

---

[124] Ebenda, S. 2.
[125] Bundesverband Deutscher Zeitungsverleger e. V., Die Expansion der öffentlich-rechtlichen Rundfunkanstalten auf dem Werbemarkt, Tabelle 7.
[126] Verband Nordwestdeutscher Zeitungsverleger usw., Anhang B, S. 3.
[127] Bundesverband Deutscher Zeitungsverleger e. V., a. a. O., Tabelle 11.

	1977	1981	Jährliche Wachstumsrate
Radio Bremen	828	1 109	7,58 %
Hessischer Rundfunk 1	1 080	1 270	4,13 %
Hessischer Rundfunk 3	972	1 351	8,58 %
Europawelle Saar	735	785	1,66 %
Südwestfunk 1	1 200	1 605	7,54 %
Südwestfunk 3	900	1 380	11,28 %
Süddeutscher Rundfunk 1	1 047	1 508	9,55 %
Süddeutscher Rundfunk 3	600	600	0 %
Bayerischer Rundfunk 1	933	1 336	9,39 %
Bayerischer Rundfunk 3	1 020	1 440	9,00 %
Sender Freies Berlin	639	752	4,15 %
Radio Luxemburg	1 800	2 469	8,22 %
Durchschnitt	980	1 299	7,30 %

Für die Einschaltpreise (Brutto-Einschaltpreise für einen Dreißig-Sekundenspot) für das Fernsehen ergibt sich folgendes:[128]

	1977	1981	Jährliche Wachstumrate
Norddeutscher Rundfunk	9 200	13 084	9,13 %
Radio Bremen		1 733	
Westdeutscher Rundfunk	18 700	23 450	5,82 %
Hessischer Rundfunk	4 400	5 550	5,98 %
Saarländischer Rundfunk	2 100	2 608	5,57 %
Süddeutscher Rundfunk/ Südwestfunk	9 000	11 400	6,09 %
Bayerischer Rundfunk	6 600	8 100	5,25 %

[128] Ebenda, Tabellen 11 und 16.

II. Finanzierung

Sender Freies Berlin	4 071	4 967	5,10 %
ARD	54 071	70 856	6,99 %
ZDF	34 500	45 867	7,38 %

Für die Tausend-Nutzer-Preise ergibt sich:[129]

	1977	1981	Jährliche Wachstumsrate
Hörfunk	2,16	2,79	6,61 %
Fernsehen ARD	7,14	9,76	8,13 %
Fernsehen ZDF	4,92	6,55	7,42 %

Insgesamt zeigt die Entwicklung, daß der Anteil der Werbeeinnahmen an den Gesamteinnahmen ständig gestiegen ist:[130]

	1974	1978
ARD-Hörfunksender insgesamt	17,5 %	21,4 %
ARD-Hörfunksender, nur werbungsverbreitende Sender (ohne NDR und WDR)	27,8 %	32,9 %
ARD-Fernsehsender	28,6 %	32,5 %
ZDF	37,0 %	43,2 %

Dementsprechend sind bei den ARD-Landesrundfunkanstalten von 1973—1978 die Erträge aus Gebühren um 33,7 %, die aus Werbung aber um 42,2 % gestiegen. Für das ZDF lauten die Zahlen 36,4 % und 39,7 %.[131] Längst hat man die scheinheilige Erklärung des Bayerischen Rundfunkrates vergessen, der bei Einführung des Werbefunks am 4. 5. 1956 sagte, die Anstalten könnten mit den Erträgen kulturellen Zwecken dienen. Heute gilt vielmehr:

---

[129] Ebenda, Tabelle 19.
[130] Ebenda, Tabelle 20.
[131] Ebenda, Tabelle 21.

„Wir betrachten die Werbung in unseren Hörfunk- und Fernsehprogrammen nicht als einen Fremdbestandteil, dessen wir uns gar zu schämen hätten, sondern ganz im Gegenteil als einen dem Wesen des kulturellen und informatorischen Programms von Radio und Fernsehen immanenten und zugehörigen Bestandteil. Die Werbung ist ein Teil unserer wirtschaftlichen Welt und Existenz, von der wir alle leben — auch wenn das manchem aus ideologischen Gründen nicht angenehm sein mag."[132]

Der Intendant des Norddeutschen Rundfunks hat in einer Erklärung vom 7. Januar 1983 von „der seit über 30 Jahren in der Bundesrepublik Deutschland bewährten Praxis der Finanzierung von Presse und Rundfunk" gesprochen: „Die Presse finanziert sich *überwiegend* aus dem Anzeigengeschäft. Der Rundfunk finanziert sich *überwiegend* aus Gebühren."[132a] Richtig lauten müßte der Satz: „Der Rundfunk finanziert sich *weniger und weniger* aus Gebühren und *mehr und mehr* aus Werbungseinnahmen." Nichts spricht dafür, daß der Trend sich umkehrt, alles dafür, daß er sich fortsetzt — ceteris paribus. So nennt Markner[133] die Begrenzung des Werbefernsehens „heute mehr als fragwürdig", „einen wahren Anachronismus". Er befürwortet, die Werbung auf 25—27 Minuten auszudehnen und eine Werbung auch nach 20 Uhr zuzulassen.

bb) Bedeutung für die Presse

Für die Presse ist diese Entwicklung bedrohlich, weil sie den größeren Teil ihrer Einnahmen gleichfalls mit Werbung, mit dem Anzeigengeschäft erzielt. So bestehen die Einnahmen einer Abonnementstageszeitung zu 70 % aus Anzeigenerlösen und zu nur 30 % aus Vertriebserlösen; bei den Zeitschriften sind es je 50 %. Daher erfaßt die Pressefreiheit auch den Anzeigenteil.[134] Grob gesprochen kann man dabei sagen: Die überregionale Werbung wird zur Zeit vor allem im Fernsehen und in den Zeitschriften durchgeführt, die regionale und lokale hingegen mehr in den Zeitungen und im Hörfunk. Es gibt aber auch überregionale Werbung im Hörfunk, und das Fernsehen befindet sich, insbesondere auch angesichts der kommenden technischen Entwicklung, im Zuge einer Regionalisierung und wird von daher auch für regional und lokal Werbungtreibende zunehmend interessanter.

---

[132] Einführungsreferat des ARD-Vorsitzenden und Intendanten des Hessischen Rundfunks auf dem Werbefunk Treff '77 am 5. Mai 1977 in München, ZAW-Basisdienst 30—77, zitiert bei Naeher, S. 145.

[132a] Manuskript der Intendantenerklärung, S. 3.

[133] Ökonomische Probleme der Rundfunkwerbung: Der Beitrag der Rundfunkwerbung zur Sicherung der Rundfunkfinanzen, in: Sieben, Rundfunkökonomie, S. 26 ff., 39.

[134] BVerfGE 21, 271, 278 f.; Bethge, Werbung, S. 698, Anm. 47.

II. Finanzierung

Dem Trend zur Regionalisierung und Lokalisierung zu folgen, sehen die Rundfunkanstalten und die maßgeblichen Politiker als eine auch medienpolitische Verpflichtung an. Demgemäß haben die Vorsitzenden der SPD-Fraktionen in Bund und Ländern gesagt: „Zeitlich vorrangige rundfunkpolitische Aufgabe der Länder und des Bundes [ist die] Umsetzung von Regionalisierungskonzepten bei den Landesrundfunkanstalten." Daher halten sie es für notwendig, „mehr Sendungen aus den Regionen, für die Regionen und über die Regionen (Fensterprogramme) in das Programm aufzunehmen."[135]

Im UKW-Hörfunkbereich wird der Trend sich noch verstärken, wenn die bisher genutzten Frequenzen von 87,5 bis 100 MHz erweitert werden um den Bereich 100 bis 108 MHz. Das ermöglicht 25 zusätzliche Hörfunkkanäle, die die Verbreitung von 2 zusätzlichen flächendeckenden UKW-Programmen in den Regionen gestatten. Der Bereich 100 bis 104 MHz ist bis 1984 von den allgemeinen Landfunkdiensten freizumachen, während der Bereich 104 bis 108 MHz noch bis 1995 von anderen genutzt werden darf.[136] Ein neuer Frequenzplan könnte schon 1986/87 in Kraft treten.

Zudem werden die terrestrischen drahtlosen Sender für Hörfunk und Fernsehen im Laufe der technischen Entwicklung außer der landesweiten Verteilung zunehmend auch die regionale Verteilung übernehmen, und nach 20 Jahren werden sie im Fernsehbereich fast nur noch regionale und subregionale Programme verteilen. Der Kabelrundfunk wird der Verbreitung lokaler Programme dienen.[137]

Hinsichtlich der überregionalen Werbung ist durch die Satelliten, auch in Verbindung mit dem Kabelrundfunk, ein kräftiger Schub zu erwarten.[138] Schließlich wird der Bildschirmtext Werbemittler sein.[139]

Zu dem allgemeinen Trend der technischen Entwicklung kommt eine medienpolitische Tendenz, die Ricker so ausgedrückt hat: „Rundfunk ist kein Luxus, sondern Rundfunk muß eine alltägliche Sache sein und muß deswegen einen ganz alltäglichen und deswegen kostengünstigen Preis haben."[140]

Dem entspricht der Hinweis der ARD, daß die Ursache für das bessere finanzielle Resultat des Jahres 1981 (Verringerung des Fehlbetrages von 64,3 auf 23,7 Mio. DM) neben einer Beschränkung der Ausgaben die Ein-

---

[135] Entschließung der Konferenz der Vorsitzenden der SPD-Fraktionen im Bund und in den Ländern am 20./21. November 1981 in Berlin, Punkte 19 und 7, zitiert bei Naeher, S. 170.
[136] Naeher, S. 169.
[137] Müller-Römer, Neue Technologien S. 31. Vgl. auch Naeher, S. 171.
[138] Naeher, S. 246.
[139] Ders., S. 245 f.; Brepohl, Telematik, S. 245.
[140] FIW, S. 61.

führung der Hörfunkwerbung beim NDR gewesen war.[141] Der Bundesgeschäftsführer der SPD, Glotz, hat die Selbstbeschränkung des Rundfunks bei der Werbung als „luxuriösen Medien-Pietismus" bezeichnet und zugleich gemeint: „Ich sage warnend: Bevor den öffentlich-rechtlichen Anstalten die Finanzbasis kaputtgemacht wird, muß man zumindest in den sozialdemokratischen Ländern auch an eine vorsichtige Ausdehnung der Werbezeit denken. Dann würde dem privaten Fernsehen viel Wasser abgegraben. Die Werbeabstinenz des Westdeutschen Rundfunks führt ja nicht zur frommen Askese der Werbewirtschaft, sondern finanziert Radio Luxemburg."[142] Diese Äußerung zeigt, daß Glotz eine Ausdehnung der Werbezeit nicht so sehr zur Erhaltung gesunder Finanzen der öffentlich-rechtlichen Anstalten ins Auge faßt, als vielmehr zur Bekämpfung privaten Rundfunks aus Gründen der Parteipolitik.

Ein kostengünstiger Preis scheint aus einem weiteren Grunde notwendig zu sein: „Der Rezipient, der sich sowieso langweilt mit dem Fernsehen",[143] könnte auf das Video-Heimkino abwandern und sich dort berieseln lassen, weil der Rundfunk zu teuer geworden ist. Wenn der Rundfunk vor dieser Gefahr steht, dann wird ihm das Hemd näher sein als der Rock, und er wird der Presse soviel Werbung abnehmen, wie nötig ist, um solch Abwandern zu verhindern und es dem Rundfunk zu ermöglichen, seine öffentliche Aufgabe wahrzunehmen.

Es ist heute unbestritten, daß Werbungtreibende immer wieder Anzeigenaufträge kürzen, um Mittel freizubekommen für Werbung in Hörfunk und Fernsehen. Der Intendant des Norddeutschen Rundfunks hat in seiner genannten Erklärung vom 7. Januar 1983 dazu erklärt: „Der Norddeutsche Rundfunk stellt hierzu fest, daß es von ihm unbestritten ist, daß einzelne Werbekunden in 1981 Umschichtungen vom Anzeigengeschäft in Hörfunkwerbungsaufträge vorgenommen haben."[144] Entsprechendes gilt für andere Hörfunksender sowie für das Fernsehen.

Streitig ist demgemäß nur der Umfang der Umschichtungen und die vom Umfang abhängende Bedeutung des Vorganges für die Finanzierung der Presse. So fährt etwa der Intendant des Norddeutschen Rundfunks fort: „Von einer ernsthaften Bedrohung der Wettbewerbsfähigkeit einzelner Zeitungen kann aber — nach Auffassung des Norddeutschen Rundfunks — keine Rede sein." Demgegenüber behaupten die Zeitungsverleger, daß „bei einer Fortführung oder sogar Ausdehnung

---
[141] ARD-Jahrbuch 1982, S. 104. Richtig Bethge, Werbung, S. 691, daß die entscheidende Motivation für die Rundfunkanstalten die Erzielung von Einkünften ist. Bethge spricht daher von erwerbswirtschaftlicher Betätigung der öffentlichen Hand.
[142] Der Spiegel, Nr. 36/1983, S. 39.
[143] Ricker, in: FIW, S. 30.
[144] Manuskript der Intendantenerklärung, S. 7.

der NDR-Hörfunkwerbung die Wettbewerbsfähigkeit zumindest einzelner Zeitungen in Norddeutschland ernsthaft bedroht sein würde."[145]

Diese Diskussion braucht hier nicht weiter verfolgt zu werden, weil sie, obzwar wirtschaftlich interessant, rechtlich unerheblich ist, wie zu zeigen sein wird.

c) Verfassungsrechtliche Würdigung

Auszugehen ist von dem elementaren Sachverhalt: Nur die Rundfunkanstalten dürfen elektronische Werbung ausstrahlen, niemand sonst. Der Staat hat den Rundfunkanstalten ein Monopol für die Ausstrahlung nicht nur von Programmen verliehen, sondern auch von Werbesendungen.[146] Letzteres verstößt möglicherweise gegen das Grundrecht der Berufsfreiheit von Artikel 12 I GG.

Die Diskussion über das allgemeine Verhältnis des Artikels 12 GG zur Rundfunkfreiheit des Artikels 5 GG[147] bedarf keiner Darstellung, weil sie die spezifische, hier zu erörternde Frage nicht behandelt.[148]

Öffentliche Monopole als Einschränkung der Berufsfreiheit sind unter bestimmten Voraussetzungen zulässig; das hat das Bundesverfassungsgericht zuletzt in seinem Urteil vom 14.1.1976 betreffend das badische Gebäudefeuerversicherungsmonopol bestätigt.[149] Hier hat der Staat die Sicherung des Gebäudebestandes als eine öffentliche Aufgabe an sich gezogen und sie als Verwaltungsmonopol durch die Gebäudefeuerversicherungsanstalt wahrnehmen lassen.

Ob eine öffentliche und nicht nur eine private Aufgabe das Monopol rechtfertigt, darauf kommt es nach dem Bundesverfassungsgericht an.[150] Eine private Aufgabe würde nicht genügen; denn „der einfache Gesetzgeber kann ... das Grundrecht der Berufsfreiheit nicht lediglich dadurch ausschalten, daß er eine Tätigkeit, die an sich wirtschaftlicher Art ist, zur hoheitlichen Aufgabe erklärt."[151] „Im System einer grundsätzlich freien Wirtschaft bildet ein vom Gesetz geschaffenes wirt-

---

[145] Verband Nordwestdeutscher Zeitungsverleger usw., a.a.O., Ähnlich Lerche, Landesbericht, S. 35.
[146] Das verkennt mit vielen Lerche, Rundfunkmonopol, S. 43 f.; Bethge, Werbung, S. 690 ff.
[147] Vgl. Scheuner, Rundfunkfreiheit, S. 45 ff.
[148] Richtig Scheuner, Rundfunkfreiheit, S. 63, der sogar im Hinblick auf die allgemeine Rundfunkfreiheit des Art. 5 GG die Errichtung eines Monopols für zulässig hält nur auf der Grundlage der Rechtsprechung des Bundesverfassungsgerichts zu Art. 12 GG.
[149] BVerfGE 41, 205 ff. = NJW 76, 667.
[150] Das übersieht Bachof, S. 13 ff.
[151] BVerfG 4.4.1967, BVerfGE 21, 245 ff., 248 = NJW 67, 971.

schaftliches Monopol einen gewissen Fremdkörper; es schließt ... diejenigen, welche die monopolisierte Tätigkeit selbständig ausüben oder ausüben möchten, hiervon aus ..."

Im vorliegenden Fall muß die öffentliche Aufgabe besonders qualifiziert sein; denn das Hindernis, das das Rundfunkmonopol dem Bürger, der Werbesendungen ausstrahlen möchte, entgegensetzt, ist objektiv und nicht nur subjektiv, d. h. niemand kann es dadurch überwinden, daß er sich besonders qualifiziert. Das Monopol ist daher zulässig nur unter zwei Bedingungen:

„Erstens muß das Monopol den Schutz besonders wichtiger Gemeinschaftsgüter bezwecken ...; dabei müssen die Gefahren, von denen das Gemeinschaftsgut bedroht ist, schwer sowie nachweisbar oder wenigstens höchst wahrscheinlich sein. Zweitens muß das Monopol als Mittel zur Abwehr dieser Gefahren unentbehrlich sein (BVerfGE 7, 377, 405, 408 = NJW 58, 1035; BVerfGE 11, 168, 183 = NJW 60, 1515)."[152]

Die Aufgaben, denen das Rundfunkmonopol dient, kann man dem letzten Fernsehurteil des Bundesverfassungsgerichts entnehmen: Auch hinsichtlich des Rundfunks die individuelle und öffentliche Meinungsbildung zu gewährleisten.[153] Insbesondere soll das Monopol sicherstellen: Der Rundfunk darf nicht dem Staat oder einer oder einzelnen gesellschaftlichen Gruppen ausgeliefert werden; die in Betracht kommenden gesellschaftlichen Kräfte müssen im Gesamtprogramm zu Wort kommen; die Freiheit der Berichterstattung muß unangetastet bleiben.[154]

Diese aus Artikel 5 GG abgeleiteten Forderungen beziehen sich auf das Programm, nicht auf die Werbesendungen. Die Behauptung, daß amerikanische Football-Spieler am liebsten Original ‚Heinz' Ketchup essen, ist kein Gegenstand verfassungsrechtlicher Fürsorge, auch nicht die Nachricht: „Haribo macht Kinder froh und Erwachs'ne ebenso."[155]

Demgegenüber kann man sich nicht darauf berufen, daß man Programm und Werbefunk nicht voneinander trennen könne, ohne in eine verbotene Zensur zurückzufallen. Der Unterschied zwischen beidem liegt nicht im Inhalt, sondern in der Finanzierung: Werbesendungen bringen Geld; Programme kosten Geld. Keine Rundfunkanstalt denkt daran, in Zukunft die Werbesendungen unentgeltlich durchzuführen. Die bisherige Erörterung der Frage, ob zur Rundfunkfreiheit auch die

---

[152] BVerfGE 21, 245, 251.
[153] BVerfGE 57, 295, 319 f.
[154] BVerfGE 57, 322; zum Erfolge oben B I.
[155] Eine andere und hiervon unabhängige Frage ist es, ob man sich in Deutschland gegen den Werberundfunk ausländischer Sender wehren kann, dazu Ipsen, S. 107 f.; allgemein zum Problem grenzüberschreitender Sendungen innerhalb der EG ders., S. 84 ff.; vgl. a. Bueckling, MDR 1981, 886, 890 ff.

II. Finanzierung

Veranstaltung von Werbesendungen gehört, ist daher, was die heutige Rundfunkorganisation angeht, von der falschen Frage ausgegangen.[156] Diese Diskussion kommt zu dem Schluß: Bei den aus öffentlich-rechtlichen Gebühren finanzierten Anstalten kann der Gesetzgeber die Werbung ausschließen.[157] Tatsächlich muß er es sogar, wie gleich zu zeigen ist. Fröhler[158] rechtfertigt die Rundfunkwerbung als einen Akt der Daseinsvorsorge für die werbende Wirtschaft, weil anderenfalls die Presse ein Werbungsmonopol innehabe.[159] Jener Unbegriff[160] vermag die Zulässigkeit eines Monopols nicht zu begründen.[161] Zudem bedeutet der Ausdruck „Werbungsmonopol der Presse", einem Polypol, dem deutschen Blätterwald, Monopolcharakter zuzusprechen.

Eine Zulässigkeit des Monopols vermögen auch nicht zu begründen von Fröhler genannte Funktionsgrenzen von Anstalten des öffentlichen Rechts;[162] das gleiche gilt für den Satz Lerches, die Werbung gehöre zum überkommenen Funktionsbestand des Rundfunks.[163]

Deshalb ist das Monopol für elektronische Werbung gerechtfertigt nur dann, wenn es zur Aufrechterhaltung der Rundfunkfreiheit, und zwar nur der Programmsendungen, nötig und unentbehrlich ist. Man müßte sagen können: „Ohne Werbesendungen keine Meinungsvielfalt, keine Nichtauslieferung an Staat oder einzelne Gruppen und keine freie Berichterstattung."

Offensichtlich kann man das nicht behaupten.[164] Soweit der Rundfunk seine Kosten nicht durch die bisherigen Gebühren einbringen kann,

---

[156] Vgl. die Nachweise bei Scheuner, Rundfunkfreiheit, S. 38 f.

[157] Scheuner, Rundfunkfreiheit, S. 39; anderer Ansicht Stern / Bethge, Rundfunk, S. 87 ff.

[158] Werbefernsehen, S. 62 ff.

[159] Auch Demme, Werbezeit, S. 8 ff., nimmt eine Daseinsvorsorge an und hält die Beschränkung des Werberundfunks für verfassungswidrig. Die gleiche Tendenz bei Groß, DÖV 1965, 443 ff. Dagegen richtig Scheuner, Rundfunkfreiheit, S. 39 ff.

[160] Dazu Börner, Studien, Bd. I, S. 267 ff. Der Schöpfer des Begriffs, Forsthoff, forderte ein allgemeines Daseinsvorsorgegesetz, das gemeinschaftsförmigen Leistungsträgern Lieferpflichten für alle daseinswichtigen Lebensverhältnisse auferlegen sollte. Das würde seiner Ansicht nach die Krönung eines Verwaltungsaufbaues besonderer Struktur sein, „der sich schon heute (1937) in der Verwaltungswirklichkeit abzeichnet". Vgl. Forsthoff, Rechtsfragen der leistenden Verwaltung, erneut gedruckt 1959, S. 46.

[161] Gegen die Subsumtion unter eine Daseinsvorsorge Kratzer, BayVBl. 1965, 435, der beim Werberundfunk eher an einen „Städtischen Ratskeller" denkt.

[162] Fröhler, S. 69 ff.

[163] Rechtsprobleme, S. 27 f. Ebenso Bethge, Werbung, S. 692. Für eine Zulässigkeit des Werbefunks auch Schneider, Werbung, S. 18 ff., 41 f. Kritisch zu Schneider: Jürgens, DVBl. 1966, 230 f.

[164] Anderer Ansicht wohl Bethge. Seine Behauptung ist allerdings schwankend: Einerseits meint er, die Werbung „sichere die Programmfreiheit" (Wer-

können die Ministerpräsidenten die Gebühren erhöhen.[165] Sollte man das als unsozial ansehen und einen „Rundfunk für Reiche" befürchten, so müßten sozial schwache Kreise Gebührenermäßigung oder -erlaß erhalten; die Differenz müßte der Steuerzahler entrichten.[166]

Nicht darf der Staat aber die öffentliche Aufgabe Rundfunk großenteils dadurch finanzieren, daß er in die Berufsfreiheit eingreift und zu Lasten eines für die Verwirklichung gerade des Artikels 5 GG unerläßlichen Wirtschaftszweiges ein Finanzmonopol schafft. Das belastet die Presse mit einem Sonderopfer und schwächt den Prozeß der Meinungsbildung. Es führt zu Zeitungssterben und Konzentration, beweint von eben denen, die die Werbesendungen eingeführt haben und heute mit einer Verlängerung der Werbezeiten liebäugeln. Öffentliche Aufgaben muß die Öffentlichkeit bezahlen, nicht einzelne, vom Staat hierfür ausgesuchte Sonderbürger. „Das Monopol ist überhaupt nur soweit gerechtfertigt, als es zum Schutze überragender Gemeinschaftsgüter unerläßlich ist (Urteil des Bundesverfassungsgerichts vom 4. 4. 1967, 1 BvR 126/65, BVerfGE 21, 245 ff., 251). Es geht nicht an, das Monopol über seinen hiernach gerechtfertigten Umfang hinaus dahin auszudehnen, daß ihm gewissermaßen fiktiv andere Lebensvorgänge angegliedert werden, für die die bezeichneten Voraussetzungen nicht erfüllt sind (Bundesverfassungsgericht 4. 4. 67, 1 BvR 84/65, BVerfGE 21, 261 ff.)".[167]

Vielleicht wäre es dann anders, wenn das elektronische Werbemonopol der Rundfunkanstalten niemanden schädigte, wenn es der Forderung neminem laedere Genüge täte. Dann müßte aber nicht der Bürger die Schädlichkeit des Monopols, sondern das Monopol seine Unschädlichkeit dartun. Hier müßte also der Rundfunk beweisen, daß er mit seinen Werbesendungen das Anzeigenaufkommen der Presse überhaupt nicht schmälerte; die Presse brauchte nichts darzulegen. Wenn ein Monopol sich auf einen privaten Markt wie den Werbemarkt begibt, ist zu vermuten, daß es die dort agierenden Wirtschaftssubjekte beeinträchtigt und schädigt.

Man braucht aber nicht weiter über die Möglichkeit nachzudenken, ob es rechtlich zulässig ist, ein Monopol zu rechtfertigen dadurch, daß man seine Harmlosigkeit nachweist. (Wahrscheinlich nicht.) Denn an

---

bung, S. 692 und 698); andererseits sagt er, die Werbung helfe nur zu sichern, und zwar die Programmfunktion (S. 698). Eine Begründung gibt er weder für das eine noch für das andere.
[165] Faller, AfP 1981, 430, 435; Scheuner, Privatwirtschaftliche Struktur, S. 34 f.
[166] Bethge, Werbung, S. 696 m. N. in Anm. 37. Zu prohibitiv hohen Rundfunkgebühren vgl. Löwer, JZ 1981, 730, 733, Anm. 33.
[167] Vgl. BVerfGE 21, 261, 267. All das übersieht Bethge mit der unrichtigen Behauptung, die Wirtschaftswerbung habe eine „programmfreiheitssichernde Funktion", Werbung, S. 692.

II. Finanzierung

einer solchen Harmlosigkeit fehlt es, wie unstreitig und unbestreitbar ist: Werbungtreibende verzichten auf Anzeigen, um mit dem freiwerdenden Gelde Werbung über den Rundfunk zu betreiben.[168] Das schädigt die Printmedien, weil es deren Einnahmen mindert.

Auf den Umfang der Schädigung kommt es nicht an. Insbesondere gestattet die Verfassung nicht etwa alle Monopole, die die Bürger nur ein klein wenig schädigen und die keinen Bürger in seiner Wettbewerbsfähigkeit ernsthaft bedrohen.[169]

Wettbewerbsrechtlich mag das so sein,[170] aber das ist unerheblich. Daher schießen auch die Einwände der Presse über das Ziel hinaus, die eine Existenzbedrohung der Presse und eine auch darauf beruhende Sittenwidrigkeit des Werberundfunks darlegen.[171] Man braucht sich nicht auf einen Schutz der Presse als Institution zu berufen; vielmehr ist geschützt die Wirtschaftsfreiheit der Bürger.[172] Diese Wirtschaftsfreiheit ist nicht erst da verletzt, wo man Bürger umbringt, sondern schon da, wo man sie molestiert. Es ist hier nicht so wie bei den Steuern, die alle zulässig sind bis auf die Erdrosselungssteuern; vielmehr sind Monopole samt und sonders unzulässig bis auf diejenigen, denen ein gewichtiger öffentlicher Zweck eine Rechtfertigung verleiht.

Verfassungsrechtlich unerheblich ist daher auch die Debatte darüber, ob die Presse ihren Besitzstand, wie immer er auch zu messen sei, gehalten habe oder nicht: Hat die Presse ihren Besitzstand gehalten, so justifiziert das noch nicht das elektronische Werbemonopol. Die Presse hat einen freiheitlichen Anspruch auch auf den Marktzuwachs, der ihr ohne das Monopol zukommen würde; den wirtschaftlichen Zuwachs hat die Verfassung nicht für solche Monopole freigegeben, denen ein öffentlicher rechtfertigender Zweck fehlt. Hier gilt das um so mehr, als die Presse von Verfassungs wegen privatrechtlich organisiert sein muß.[173]

Daher ist das Rundfunkmonopol insoweit rechtswidrig, als es das elektronische Werbungsmonopol, d. h. die Werbesendungen betrifft. Das

---

[168] Vgl. oben B II 2 b bb, Text zu Anm. 144.
[169] Im Ergebnis anders wohl Bethge, Werbung, S. 692.
[170] Vgl. OLG München, NJW 58, 1298, 1302; Bussmann, Rundfunkanstalten, S. 45 f.; Fröhler, Werbefernsehen, S. 94 ff.
[171] Vgl. Fröhler, S. 79 und 92; Lerche, Rechtsprobleme, S. 34 ff.; Schneider, S. 30 ff.
[172] Nicht richtig daher die Fragestellung bei Arndt, JZ 1965, 337, 341.
[173] BVerfGE 20, 162, 175; nachdrückliche Hinweise hierzu bei Bethge, Werbung, S. 696, 698, unter beifälliger Zitierung von Herbert Krüger: Die integrierte Funktion des Mediums für das Staatsganze dürfe nicht durch erwerbswirtschaftliche Gesinnung profaniert werden (Allgemeine Staatslehre, 1966, S. 468, 476).

Werberundfunkmonopol hat das Verfassungsrecht zu fürchten, wie ein häßliches Weib den Pinsel.

Damit fragt sich, auf welche Weise die Rechtswidrigkeit, und das heißt das Monopol, zu beseitigen ist. Entweder kann man auch anderen Werbeträgern und insbesondere den Printmedien den Zugang zu dieser Werbung eröffnen oder aber auch dem Rundfunk die Werbung verschließen. Der erste Weg ist gangbar nur, wenn die anderen Werbeträger zugleich ein volles Programm senden dürfen. Denn für die Werbungtreibenden kommt es auf die Einschaltquote bei der Werbung an, und sie hängt ab von der Attraktivität des Programms, innerhalb dessen die Werbung ausgestrahlt wird. Deshalb werden die anderen Werbeträger nur dann wettbewerbsmäßig den Rundfunkanstalten auf dem Werbemarkt gleichgestellt, wenn sie zugleich ein volles Programm ausstrahlen dürfen.

Dürfen sie das nicht, dann muß dem Rundfunk die Werbung untersagt werden. Denn sein Werbemonopol ist zur Erreichung der Ziele des Artikels 5 GG nicht notwendig.

Dem kann man nicht das Verlangen der werbungtreibenden Wirtschaft entgegenhalten, elektronisch werben zu lassen. Kein Gewerbetreibender kann verlangen, seine Absatzwünsche dadurch befördert zu sehen, daß der Staat deshalb für ihn ein Monopol schafft und damit andere Gewerbetreibende schädigt.

III. Zusammenfassung

a) Die Rundfunkanstalten sind dem staatlichen Einfluß unterworfen durch die Rundfunkräte und Verwaltungsräte: Deren Verhalten bestimmen praktisch die Parteien, und da die Parteien auch die Landesregierungen stellen, üben sie einen mittelbaren staatlichen Einfluß aus (oben B I 2 a). Die Zusammensetzung aus Repräsentanten aller bedeutsamen Gruppen ist funktionslos, weil die Parteien den Ton angeben (oben B I 2 b). Es ist zweifelhaft, ob die Kollegialorgane die Macht zur Kontrolle besitzen (oben B I 2 c). Wenn sie sie innehaben, verhindern sie jedenfalls oft nicht schwerste Mängel (oben B I 2 d):

Viele Mitglieder der Kollegialorgane betrachten es als ihre Aufgabe, parteipolitische Belange wahrzunehmen (oben B I 2 d aa). Sie sind auch abgesehen davon nicht in der Lage, ihre Anstalt wirksam zu kontrollieren (oben B I 2 d bb). Vor allem verhindern sie nicht, daß unausgewogene Programme ausgestrahlt werden und daß die Angestellten einen unangemessenen Einfluß auf das Programm ausüben (oben B I 2 d cc).

III. Zusammenfassung

Fazit: Soweit die Gremien die Anstalten überhaupt kontrollieren, ist das der Sache nach eine Kontrolle durch Parteien und Staat. Soweit die Gremien das nicht tun, kontrollieren den Rundfunk großenteils unbeaufsichtigte Privathetärien.

Damit erfüllen die Anstalten grundlegende Anforderungen der Verfassung nicht. Trotzdem ist ihre Organisation solange von der Verfassung noch gerade eben hinzunehmen, wie die Sondersituation des Rundfunks (oben A III 4) eine andere Organisation nicht zuläßt und Mängel bei den Anstalten unvermeidlich sind.

Sobald sich aber, insbesondere wegen Abklingens der Sondersituation, eine Chance eröffnet, den Mängeln durch Verwirklichung auch anderer Organisationsformen neben den jetzigen Anstalten zu begegnen, gebietet die Verfassung, diese Chance zu nutzen (oben B I 3).

b) Da der Rezipient durch Zahlung der Gebühr die Leistung aller Anstalten nur als Paket kaufen kann, stehen die Anstalten ihm als Monopol gegenüber. Auch ihren potentiellen Konkurrenten gegenüber sind die Anstalten ein Monopol. Sie bilden eine öffentlich-rechtliche Ausgleichskasse. Eine wirksame Kostenkontrolle fehlt (oben B II 1).

Der Werberundfunk als öffentlich-rechtliches Monopol für die Ausstrahlung elektronischer Werbung ist wegen Verstoßes gegen Artikel 12 GG verfassungswidrig (oben B II 2).

Literaturverzeichnis

Allgemeine Rundfunkanstalten Deutschlands (ARD): ARD-Jahrbuch 1982

Arndt, Adolf: Das Werbefernsehen als Kompetenzfrage, JZ 1965, 337 ff.

Bachof, Otto: Verbot des Werbefernsehens durch Bundesgesetz? Beiträge zum Rundfunkrecht, Heft 9, 1966

Badura, Peter: Verfassungsrechtliche Bindungen der Rundfunkgesetzgebung, Frankfurt 1980

Barsig, Franz: Die öffentlich-rechtliche Illusion. Medienpolitik im Wandel, 1981

Bethge, Herbert: Die verfassungsrechtliche Problematik der Zulassung von Rundfunkveranstaltern des Privatrechts, 1980

— Der verfassungsrechtliche Stellenwert der Werbung im öffentlich-rechtlichen Rundfunk, Media Perspektiven 10/83, S. 690 ff.

— Verfassungsrechtsprobleme der Reorganisation des öffentlich-rechtlichen Rundfunks, Beiträge zum Rundfunkrecht, Heft 20, 1978

— Ausgewogenheit und Programmbindung der öffentlich-rechtlichen Rundfunkanstalten, AfP 1979, 286 ff.

Börner, Bodo: Die Entscheidungen der Hohen Behörde, 1965

— Studien zum deutschen und europäischen Wirtschaftsrecht, II. Band, Kölner Schriften zum Europarecht, Band 26, 1977

— Studien zum deutschen und europäischen Wirtschaftsrecht, III. Band, Kölner Schriften zum Europarecht, Band 30, 1980

— Die Systematik von Kartellrecht und Mißbrauchsaufsicht, DB 1983, 923 ff.

Brepohl, Klaus: Telematik. Die Grundlage der Zukunft, 1982

Buerkling, Adrian: Gehört direkt-satellitäre TV-Werbung zum freien transnationalen Informationsfluß? MDR 1981, 886 ff.

Bullinger, Martin: Kommunikationsfreiheit im Strukturwandel der Telekommunikation, 1980

— Zugang der Presse zu den elektronischen Medien — Rechtliche Aspekte, AfP 1983, 319 ff.

Bundesverband Deutscher Zeitungsverleger e. V.: Die Expansion der öffentlich-rechtlichen Rundfunkanstalten auf dem Werbemarkt, August 1980

Bussmann, Kurt: Die Beziehung der Rundfunkanstalten zu den Zeitungsverlagen unter der Sicht des Wettbewerbsrechts, Rechtsgutachten in: Beiträge zum Rundfunkrecht, Heft 3, 1965

Demme, Helmut: Das Recht der Wirtschaft auf angemessene Werbezeit im Fernsehen, 1969

Faller, Hans Joachim: Die öffentliche Aufgabe von Presse und Rundfunk. Begriff, Inhalt und Bedeutung, AfP 1981, 430 ff.

Forschungsinstitut für Wirtschaftsverfassung und Wettbewerb e. V. (FIW): Kolloquium Wettbewerbsimpulse für elektronische Medien am 23. 6. 1982 im Wissenschaftszentrum Bonn, Tonbandabschrift

Fröhler, Ludwig: Werbefernsehen und Pressefreiheit, Gutachten in: Beiträge zum Rundfunkrecht, Heft 4, 1965

Geiger, Willi: Sicherung der Informationsfreiheit des Bürgers als Verfassungsproblem, AfP 1977, 256 ff.

Groß, Rolf: Zur Zulässigkeit eines bundesgesetzlichen Verbots der Werbesendungen in Funk und Fernsehen, DÖV 1965, 443 ff.

Hamburger Medientage, Dokumentation: '77, Die Zukunft der Zeitung, 1977; '79, Die Zukunft des Rundfunks, 1979; '81, Journalisten heute, 1981

Harms, Wolfgang: Rundfunkmonopol und Marktkonkurrenz — Auswirkungen auf Medienstruktur und Medienwirtschaft, AfP 1981, 244 ff.

Herrmann, Günter: Fernsehen und Hörfunk in der Verfassung der Bundesrepublik Deutschland, 1975

— Rundfunkgesetze, 1977

Heygster, Anna / *Maseberg*, Eberhard (Hrsg.): Fernsehkritik. Die Finanzierung des Rundfunks. Protokoll eines Hearings vom 25. November 1981, 1982 (Mainzer Tage der Fernsehkritik. Protokollband)

Hoffmann-Riem, Wolfgang: Rundfunkfreiheit durch Rundfunkorganisation, 1979

Ipsen, Hans Peter: Rundfunk im Europäischen Gemeinschaftsrecht, Beiträge zum Rundfunkrecht, Heft 28, 1983

Jarass, Hans D.: Die Freiheit der Massenmedien, 1978

Jonas, Hans: Das Prinzip Verantwortung. Versuch einer Ethik für die technologische Zivilisation, 1979

Jürgens, Erhard: Besprechung von Schneider, Werbung im Rundfunk sowie Lerche, Rechtsprobleme des Werbefernsehens, DVBl. 1966, 230 f.

Kant, Immanuel: Werke in 6 Bänden, hrsg. von Weischedel, 4. Aufl. 1956

Kewenig, Wilhelm A.: Zu Inhalt und Grenzen der Rundfunkfreiheit, Veröffentlichungen des Instituts für internationales Recht an der Universität Kiel, Band 80, 1978

Klein, Hans H.: Die Rundfunkfreiheit, 1978

— Das Informationsrecht des Bürgers und die öffentlich-rechtlichen Rundfunkanstalten, AfP 1977, 264 ff.

— Rundfunkmonopol oder Pressezensur — Medienfreiheit auf dem Prokrustesbett, in: Presserecht und Pressefreiheit, Festschrift für Martin Löffler, 1980, S. 111 ff.

Kopper, Gerd G.: Rundfunkordnungsplan, Zum Spektrum der Diskussion, Publizistik, Vierteljahreshefte für Kommunikationsforschung, Heft 4, 1982, S. 661 ff.

Kratzer, Jakob: Besprechung von Fröhler, Werbefernsehen und Pressefreiheit, BayVBl. 1965, 435

Lange, Bernd-Peter: Kommerzielle Ziele und binnenpluralistische Organisation bei Rundfunkveranstaltern. Eine Untersuchung aus wirtschaftswissenschaftlicher und kommunikationstheoretischer Sicht, Beiträge zum Rundfunkrecht, Heft 23, 1980
— Über besondere verfassungsrechtliche Anforderungen an das Rundfunkprogramm, Presserecht und Pressefreiheit, in: Festschrift für Martin Löffler, 1980, S. 195 ff.

Lerche, Peter: Landesbericht Bundesrepublik Deutschland, in: Bullinger / Kübler (Hrsg.), Rundfunkorganisation und Kommunikationsfreiheit, Landesberichte und Generalbericht der Tagung für Rechtsvergleichung 1979 in Lausanne, Materialien zur interdisziplinären Medienforschung, Bd. 11, 1979
— Rechtsprobleme des Werbefernsehens, in: Beiträge zum Rundfunkrecht, Heft 2, 1965
— Rundfunkmonopol. Zur Zulassung privater Fernsehveranstaltungen, in: Beiträge zum Rundfunkrecht, Heft 11, 1970

Löwer, Wolfgang: Ausländisches Werbefernsehen und Deutsches Verfassungsrecht, JZ 1981, 730 ff.

Müller-Römer, Dietrich: Neue Technologien — Neuer Rundfunk? Weiterentwicklung der Elektronik — Konsequenzen für den Rundfunk. Technische Direktion des Bayerischen Rundfunks, 1981

Naeher, Gerhard: Stirbt das gedruckte Wort? Neue Medien — Die große Herausforderung, 1982

Norddeutscher Rundfunk (NDR): Feststellungen des NDR zur Dokumentation der norddeutschen Zeitungsverlegerverbände über die Auswirkungen der Hörfunkwerbung auf das Anzeigengeschäft der norddeutschen Zeitungen. Manuskript der Intendantenerklärung vom 7. Januar 1983

Oppermann, Thomas: Auf dem Wege zur gemischten Rundfunkverfassung in der Bundesrepublik Deutschland? JZ 1981, 721 ff.

Ossenbühl, Fritz: Rundfunk zwischen Staat und Gesellschaft, 1975
— Rundfunkprogramm — Leistung in treuhänderischer Freiheit, DÖV 1977, 381 ff.

Paczensky, Gert von: Über Fernsehen. Munition gegen das öffentlich-rechtliche Komplott, 1980

Ratzke, Dietrich: Handbuch der neuen Medien. Information und Kommunikation, Fernsehen und Hörfunk, Presse und Audiovision heute und morgen, 1982

Rüthers, Bernd: Programmfreiheit der Rundfunkanstalten und Arbeitsrechtsschutz der freien Mitarbeiter, DB 1982, 1869 ff.

Rupp, Hans Heinrich: Vom Wandel der Grundrechte, Archiv des öffentlichen Rechts, 1976, 161 ff.

Scheuner, Ulrich: Privatwirtschaftliche Struktur und öffentliche Aufgaben der Presse, ZV + ZV Nr. 2, 1968, S. 31 ff.
— Das Grundrecht der Rundfunkfreiheit, Veröffentlichungen des Instituts für internationales Recht an der Universität Kiel, Band 85, 1982

Schlaich, Klaus: Neutralität als verfassungsrechtliches Prinzip, 1972

Schmid, Carl-Christian: Wörterbuch zum leichtern Gebrauch der Kantischen Schriften, 4. Aufl. 1798, Reprografischer Nachdruck 1976

Schmitt Glaeser, Walter: Kabelkommunikation und Verfassung. Das privatrechtliche Unternehmen im „Münchner Projekt", Schriften zum öffentlichen Recht, Band 364, 1979

Schneider, Hans: Werbung im Rundfunk, in: Beiträge zum Rundfunkrecht, Heft 1, 1965

Sieben, Günter: Beiträge zur Rundfunkökonomie, Manuskript, unveröffentlicht

Simis, Constantin M.: USSR: The Corrupt Society, 1982

Starck, Christian: Rundfunkfreiheit als Organisationsproblem. Zur Zusammensetzung der Rundfunkgremien, in: Recht und Staat in Geschichte und Gegenwart, Heft 422/423, 1973

— Zusammensetzung der Rundfunkgremien und Rundfunkfreiheit, in: Herrschaft und Kritik, Probleme der Rundfunkfreiheit, hrsg. vom Gemeinschaftswerk der Evangelischen Publizistik, 1974, S. 15 ff.

Stern, Klaus: Neue Medien: Neue Aufgaben des Rechts? Verfassungsrechtliche Grundfragen, Eröffnungsplenarveranstaltung des 54. Deutschen Juristentages, Band II, 1983, S. H 44 ff.

— Teilhabeansprüche auf Rundfunkkontrolle und ihre gesetzliche Durchsetzung, in: Festschrift für Martin Löffler, 1980, S. 375 ff.

Stern, Klaus / *Bethge*, Herbert: Öffentlich-rechtlicher und privatrechtlicher Rundfunk, 1971

Süddeutscher Rundfunk (SDR): Südfunkinformationen, Heft 2, 1979

Verband Nordwestdeutscher Zeitungsverleger e. V., Zeitungsverlegerverband Hamburg e. V. und Zeitungsverlegerverband Schleswig-Holstein e. V.: Hörfunkwerbung im NDR. Dokumentation über die Auswirkungen der Hörfunkwerbung auf das Anzeigengeschäft der norddeutschen Zeitungen, o. J.

Windelband, Wilhelm: Über Willensfreiheit, 4. Aufl. 1923

Zweites Deutsches Fernsehen (ZDF): ZDF-Jahrbuch 1982

— Rechtsvorschriften des ZDF. ZDF-Schriftenreihe, Heft 17, 2. Aufl. 1979

Anhang

Anlage 1

VI. Fakten aus dem Rundfunkleben

Wie notwendig eine Inkompatibilität zwischen Staatsamt und Mitgliedschaft in einem Rundfunkgremium ist, läßt sich durch einen Blick auf die Verhältnisse in den Rundfunkanstalten auf breitester

---

Quelle: Christian Starck, Rundfunkfreiheit als Organisationsproblem. Zur Zusammensetzung der Rundfunkgremien, in: Recht und Staat in Geschichte und Gegenwart, Heft 422/423, Verlag J. C. B. Mohr, 1973.

Basis bestätigen. Die nun folgenden Zitate von Politikern und Berichte aus dem Innenleben der Rundfunkanstalten sollen zudem zu einem Folgeproblem überleiten. – Gerade wer zustimmt, wird nämlich entgegenhalten, was sich denn eigentlich alles ändere, wenn die Parlamentarier und Regierungsleute aus den Rundfunkgremien verdrängt seien. Denn Parteivertreter lassen sich nicht verdrängen [80]. Dazu zunächst das Anschauungsmaterial [81].

Aus der letzten Zeit [82] wäre folgendes zu berichten:

1. Innenminister *Willi Weyer* (FDP), Mitglied des WDR-Verwaltungsrats, stellte einen verstärkten Druck auf die öffentliche Meinungsäußerung in Funk und Fernsehen durch die beiden großen Parteien fest; er führte aus, Politiker müßten auch prononcierte und unbequeme Meinungsäußerung vertragen und dürften nicht mit politischem Druck reagieren, der nur beweise, daß man im Umgang mit den Freiheitsrechten und den selbstverständlichen Spielregeln einer liberalen Demokratie noch nicht sattelfest sei. Eine parteipolitische Farbenlehre in der Personalpolitik der Rundfunkhäuser sei kein geeignetes Mittel, die öffentliche Meinung und ihre Vertreter zu beeinflussen [83].

2. Der ehemalige Intendant des BR, *Christian Wallenreiter*, äußert sich in einer ZDF-Sendung folgendermaßen [84]: „Ich glaube feststellen zu können, daß die heutige Rundfunkpolitik mehr und mehr durch den Versuch der politischen Parteien bestimmt wird, den Rundfunk in den Griff zu bekommen, sei es durch stärkere Beziehung zu der

---

[80] Zum Parteieneinfluß auf die Rundfunkgremien vgl. *J. H. Kaiser*, Presseplanung, 1972, S. 33, 34: „Im öffentlichrechtlichen Rundfunk und Fernsehen sind die ‚gesellschaftlich relevanten Kräfte' das vom Bundesverfassungsgericht konstruierte Vehikel, durch das sich heute der politische Wille und das Machtstreben der *politischen Parteien* Zutritt verschafft zu dem durch Art. 5 GG geschützten Bereich und der Ausübung der in diesem Grundrecht gewährleisteten Rechte Grenzen setzt."

[81] Herrn *Michael Schmid-Ospach* vom Evangelischen Pressedienst, Frankfurt, danke ich für die Beschaffung und Vorsortierung des Materials.

[82] Mir war nur Material aus der Zeit seit August 1972 und vereinzelt aus dem Jahre 1970 zugänglich.

[83] Quelle: epd/Kirche und Fernsehen, Nr. 42 v. 4. 11. 1972, S. 7.

[84] Über die z. Z. der endgültigen Herstellung des Manuskripts noch nicht ausgestrahlte Sendung „Herr über 1000 Bilder – Wer die Information kontrolliert, besitzt das Fernsehen", berichtet Fernseh-Information 24. Jg. (1973), S. 146.

Basis, wie man sagt, sei es durch den Proporz bis hinauf zu den Spitzen. Wenn man das Ziel im Auge hat, das der Rundfunk sich selbst als Aufgabe stellen muß, den Bürger umfassend, zuverlässig zu unterrichten, muß er wissen, was diese Versuche für die Öffenlichkeit bedeuten. Würde man dabei nach der Stoppuhr und nach Parteiproporz messen, anstatt das journalistische Prinzip zu wahren, nämlich das Wichtigste zu bringen, dann wäre das schlimmste Manipulation. Die Parteipolitik ist nicht die ganze Politik, und die Gesetze schreiben ja vor, daß die ganzen gesellschaftlichen Kräfte die Kontrolle über den Rundfunk üben. Dazu gehört, daß die Parteien sich zurückhalten, ...".

3. Der Chefredakteur des ZDF, *Rudolf Woller*, stellt fest, daß viele Journalisten ihre innere Souveränität gegenüber politischen Gruppen und Parteien aufgegeben hätten. Dies sei die Folge der Personalpolitik der Parteien. Es sei modern geworden, Journalisten ausschließlich deshalb zu fördern, weil sie bereit erschienen, als verlängerter Arm von Parteizentralen oder Gruppen in den Parteien tätig zu sein. Woller sieht die Gefahr, „daß ... in der Besetzung redaktioneller Stellen aller Ebenen, bis hinunter zum letzten Volontär, die Unterwerfung unter eine bestimmte Parteilinie zur Voraussetzung für die Förderung gemacht würde". Er äußert die Sorge, „daß der Trend, der in die Personalpolitik mancher Parteistellen hineingekommen ist, die Grundlage des journalistischen Rollenverständnisses zerstören könnte". Dieses triebe die öffentlich-rechtlichen Anstalten aus ihrer Rolle in der Gesellschaft hinaus und gäbe sie in die Verfügbarkeit des Staates[85].

Diese Kritik Wollers unterstützt der ZDF-Redakteur *Karl-Heinz Schwab;* er schreibt, „daß nicht nur für die hierarchischen Spitzenpositionen – Intendant, Programmdirektor usw. – sondern auch für die verantwortlichen redaktionellen Posten nur noch solche Bewerber überhaupt in Frage kommen, die von einer Partei – in der Praxis meist von einer der beiden großen Parteien – gefördert werden". Schwab fragt: „Wie soll sich jemand ... ein ungebrochenes Selbstverständnis bewahren, wenn er Jahre im voraus weiß, daß ihm mit

---
[85] Quelle: epd/Kirche und Fernsehen, Nr. 5 v. 3.2.1973, Beilage S. III/IV.

an Sicherheit grenzender Wahrscheinlichkeit eines Tages ein bestimmter Chefsessel zwei Etagen höher in der Hierarchie zufallen wird, und zwar allein aufgrund seiner parteipolitischen Orientierung?"[86]

4. In diesen Zusammenhang paßt eine Bemerkung des Chefredakteurs Kultur Hörfunk beim SDR, *Hans Jürgen Schultz,* in einer Sendung des SDR: „Hat eine Partei einmal einen Platz irgendwo im institutionalisierten Bereich ... der Massenmedien erobert, so setzen sich die anderen Parteien nicht für die Rückgewinnung einer vernünftigen Parteiunabhängigkeit ein, sondern ... begehren parteipolitischen Proporz. Die Folge ist, daß das Parteibuch in Gefahr gerät, mißbraucht zu werden als ein Eintrittsbillet für eine erfolgreiche Laufbahn. Auf diese Weise werden Funktionärstum, Cliquenwesen, Bürokratismus und ähnliche ... Erscheinungen eines mediokren Beförderungssystems mächtig gepflegt." Aus seinem Verständnis der Rollen des Publizisten und des Politikers hält Schultz es für „schlimmer als bloß ärgerlich oder peinlich, wenn etwa in einer Wahlnacht die Fernseh-Kommentatoren so eindeutig parteipolitisch fixiert sind, daß man sich wundert, weshalb die jeweilige Parteizugehörigkeit nicht gleich hinter dem Namensschild erscheint. Die Parteien kommen doch in dieser Lage hinreichend ins Bild – müssen auch die Kommentatoren, sorgfältig nach den neuesten Stimmenverhältnissen tariert, noch die Funktion von Sprachrohren erfüllen? Sind die Rundfunkanstalten verlängerter Parlamentarismus? Ist es schon zu spät für die Anregung, daß es eine Verabredung in der Gesellschaft geben sollte, nach der die Mehrzahl der Journalisten auf parteipolitische Protektion verzichten und sich bewußt als vis-à-vis zu den Parteien verstehen sollte?"[87]

5. So urteilen nicht nur Woller, Schwab und Schultz wie jüngst eine *Umfrage beim WDR* ergeben hat. Dort waren insgesamt 52,5 % der 80 befragten Programmacher der Meinung, daß der Proporz bei der Besetzung von Rundfunk- und Verwaltungsrat zur Tabuierung

---

[86] Quelle: epd/Kirche und Fernsehen, Nr. 7 v. 17. 2. 1973, S. 17; ähnlich *Sir Hugh Carlton Greene,* zitiert bei *Pross,* aaO (= Anm. 19a), S. 35.
[87] Quelle: epd/Kirche und Rundfunk, Nr. 6 v. 14. 2. 1973, S. 3 und medium, Zeitschrift für Hörfunk, Fernsehen, Film, Bild, Ton 1973, Heft 3, S. 18.

bestimmter Themen im Programm führe. 51,25 % der Befragten waren der Meinung, daß die politischen Parteien im Verhältnis zu den „gesellschaftlich relevanten Gruppen" einen beherrschenden Einfluß auf die Rundfunkanstalt ausüben, und immerhin 43,75 % der Programmacher empfanden den Einfluß der politischen Parteien als „überproportioniert". 70 % der Befragten beurteilten die im WDR-Gesetz festgelegte Organisations- und Aufsichtsform dieser Rundfunkanstalt als „überwiegend negativ"[88].

6. Wie in der Presse Ende letzten Jahres berichtet wurde, will der rheinland-pfälzische Ministerpräsident *Kohl* darauf bestehen, daß die Änderung der Mehrheitsverhältnisse im ZDF-Verwaltungsrat erst zum Ende 1973 vorgenommen wird. Entgegen der Auffassung des Ministerpräsidenten Kühn, mit dem Kohl eine entsprechende Vereinbarung getroffen hatte, sieht Kohl „nicht ein, was eine Bundestagswahl mit der Zusammensetzung des ZDF-Verwaltungsrates zu tun haben sollte"[89]. So sehr ich Kohl hier recht geben möchte, möchte ich doch fragen, warum er solch eine Vereinbarung getroffen hat?

7. Kritische Äußerungen des WDR-Fernsehdirektors, *Werner Höfer*, über die Zusammensetzung der WDR-Gremien waren Gegenstand einer Sitzung des WDR-Verwaltungsrates, auf der Vorwürfe gegen Höfer erhoben wurden. Der Vorschlag des Intendanten, Höfer in dieser Angelegenheit zu hören, wurde vom Verwaltungsrat abgelehnt[90]. Sanktionen sind offensichtlich nicht durchgeführt worden. Aber Gegenstand der Kritik und Verfahren werfen bereits Licht auf die ungute Situation, die durch die Zusammensetzung des WDR-Verwaltungsrates erzeugt wird.

8. Vom Rundfunkratsvorsitzenden des DLF, *Mattick* (SPD), MdB, hat uns die Presse folgenden Ausspruch überliefert, der im Hinblick auf die 1972 fällige Intendantenwahl gefallen ist: Die poli-

---

[88] Angaben stammen aus *Rüdiger Hoffmann*, Die Entwicklung von Organisations- und Machtstrukturen im WDR und das Selbstverständnis der Programmmacher, 1945–1972, Bonner phil. Diss. 1972; die Angaben sind zitiert nach epd/Kirche und Rundfunk, Nr. 40 v. 8. 11. 1972, S. 4 f.

[89] Quelle: epd/Kirche und Fernsehen, Nr. 49 v. 23. 12. 1972, S. 9 a; zu der genannten Vereinbarung siehe *Schmid-Ospach*, Tauziehen um die Macht beim ZDF, epd/Kirche und Fernsehen Nr. 12 vom 25. 3. 1972, S. 1 ff.

[90] Quelle: epd/Kirche und Rundfunk, Nr. 35 v. 16. 9. 1970, S. 3 f.

tischen Parteien hätten das Recht, aufgrund ihrer Leistungen in Politik und Gesellschaft, Ansprüche zu stellen. Dann wörtlich: „Erst muß ich feststellen, ob es für die Besetzung einer wichtigen Position, die politische und gesellschaftliche Bedeutung hat, einen guten Sozialdemokraten gibt, der auch von anderen Kräften getragen wird... Und wenn es einen guten Sozialdemokraten gibt, dem kein besserer anderer entgegensteht, würde ich mich natürlich als Sozialdemokrat dann für den Sozialdemokraten entscheiden."[91]

9. Über die Besetzung der Stelle des Direktors der Hauptabteilung Aktuelles Programm beim DLF berichtete der ehemalige Intendant, *Franz Thedieck*, CDU, der sich gegen Vorwürfe von Mattick wehrt, folgendes: „Ich habe den Verwaltungsrat um Zustimmung[92] zur Berufung des Herrn Stephan Thomas als Direktor der Hauptabteilung Aktuelles Programm gebeten. In mehreren Sitzungen des Verwaltungsrates haben sich die der SPD angehörigen Mitglieder und auch Sie (sc. Mattick) aufs heftigste gegen diese Berufung gewehrt. Immer wieder mußte die Entscheidung vertagt werden. Das Präsidium der SPD schaltete sich ein. In einer mehrstündigen Besprechung der Herren Franke, MdB, dem damaligen Vorsitzenden der Medienkommission der SPD, dem Schatzmeister der SPD, Herrn Nau, und dem Rundfunkreferenten der SPD, Herrn Lothar Schwarz, wurde ich bedrängt, nicht den Sozialdemokraten Stephan Thomas, sondern den Sozialdemokraten Fred Wesemann zum Direktor zu berufen. Ich mußte das ablehnen, weil ich Herrn Wesemann zwar für einen qualifizierten Journalisten hielt, ihn aber nicht für geeignet hielt, einen großen Personalapparat zu leiten."[93]

10. Relativ unverdächtige Inside-Beobachter der Gremienarbeit, *die kirchlichen Vertreter*, haben in Berichten folgendes zur Rund-

---

[91] Quelle: epd/Kirche und Rundfunk, Nr. 37 v. 11. 10. 1972, S. 6.

[92] Erforderlich ist nach § 13 Abs. 2 Bundesrundfunkgesetz nur ein „Benehmen mit dem Verwaltungsrat".

[93] Brief an DLF-Rundfunkratsvorsitzenden *Mattick*, MdB, SPD, zitiert nach epd/Kirche und Rundfunk, Nr. 37 v. 11. 10. 1972, Beilage S. I. Nur als Marginalie für den Leser noch ein ebenfalls von *Thedieck* (aaO, S. II) überlieferter Ausspruch *Matticks*, der in einer Debatte um die Gehaltserhöhung zweier Direktoren gesagt haben soll: „Warum reden wir eigentlich an den Dingen vorbei? Sie wollen die Gehaltserhöhung für Herrn Imelmann, weil er zur CDU gehört, und wir sind deshalb dagegen."

funksituation gesagt: „Die rundfunkpolitische Polarisation hat sich insbesondere in den letzten anderthalb Jahren außerordentlich verschärft." Als hervorragendes Moment der Arbeit im Fernsehrat wird die parteipolitisch bestimmte Polarisierung angesehen. Dabei wird ausdrücklich darauf hingewiesen, daß diese Entwicklung sich auch auf Anstalten bezieht, deren Aufsichtsgremien im Prinzip immer noch ständisch sich gliedern [94]. – Als besonders problematisch empfinden die kirchlichen Vertreter, „daß sich im Zusammenhang mit zwei Aufsichtsgremien (ZDF, DLF) zusätzliche ‚Gremien' (bzw. Freundeskreise) gebildet haben, die – parteipolitisch orientiert – anstehende Entscheidungen präjudizieren bzw. programmieren". Damit würden „wichtige Funktionen der Aufsichtsgremien substantiell ausgehöhlt". Soweit der evangelische Bericht.

Im katholischen Bericht heißt es ergänzend: Es mache sich Resignation bei einzelnen Gremienmitgliedern breit, da „parteipolitische Gruppierungen durch interne Vorabregelungen untereinander und taktische Verhaltensweisen den wirklich freien Ermessensspielraum einengen". „Nicht selten werden anstehende Entscheidungen durch einzelne, gut formierte Interessengruppen vorbereitet, so daß denjenigen Gremienmitgliedern, die sich weder der einen noch der anderen Gruppe verpflichtet fühlen, sondern nach der Sachlage und nach bestem Wissen und Gewissen entscheiden, meist kein Spielraum mehr bleibt, um ihrer differenzierten Meinung Gehör zu verschaffen oder in die Entscheidung wirksam integrieren zu können." Allgemein wird beklagt, „daß Initiativen in zunehmendem Maß nur dann Aussicht auf Erfolg haben, wenn sie von einer starken, möglichst parteipolitischen Gruppierung unterstützt werden" [95].

*

Diese Beispiele sprechen für sich. Sie belegen die Gefahren, die dem Rundfunk aus der personellen Verknüpfung von Staatsamt und

---

[94] So hinsichtlich HR schon *Facius* (CDU) in epd/Kirche und Rundfunk, Nr. 28 v. 2. 8. 1972, S. 14 f.
[95] Quelle: epd/Kirche und Fernsehen, Nr. 2 v. 13. 1. 1973, Beilage S. II, IV, V; zu den Freundeskreisen beim ZDF vgl. die aufschlußreiche Diskussion zwischen *Johannes Niemeyer* und *Robert Geisendörfer*, in: epd/Kirche und Fernsehen Nr. 18 vom 13. 5. 1972, S. 5 ff.

Mitgliedschaft in Rundfunkgremien drohen. Darüber hinaus weisen die Beispiele auf die Parteienproblematik in den Gremien hin. – Man bedenke nur, wie sich die hier kritisierten Verhältnisse potenzieren würden, wenn etwa – dem Zuge der Zeit entsprechend – das freie Mandat der Gremienmitglieder zumindest faktisch einem imperativen Mandat weichen würde. Dafür setzen sich ja heute die Jungsozialisten etwa in den Gemeinden offen ein[96]. Ein solches imperatives Mandat könnte ohne Gesetzesänderung faktische Geltungskraft erlangen, wenn etwa die Parteien die Mitgliedschaft in Rundfunkgremien an Parteigenossen vergeben, damit sich diese parteipolitisch bewähren und für ein späteres Parlamentsmandat qualifizieren können.

Wie sehr am freien Mandat aber auch von Seiten der CDU gesägt wird, zeigen Vorgänge bei der Gremienwahl für den NDR 1970. Die CDU-Fraktion hat ihren Fraktionsbeschluß über die Nominierung der Rundfunkratsmitglieder die einstimmige Empfehlung beigefügt, daß diese Rundfunkratsmitglieder Willy Weber und Dr. Werner Remmers, MdL, in den Verwaltungsrat des NDR wählen sollen. Entsprechend verfuhren freilich auch die niedersächsische SPD und die hamburgische CDU[97]. Nach § 10 Abs. 1 NDR-Vertrag wählt der Rundfunkrat die Mitglieder des Verwaltungsrats; § 8 Abs. 4 NDR-Vertrag bestimmt, daß die Mitglieder des Rundfunkrats in ihrer Amtsführung an Aufträge und Weisungen nicht gebunden sind.

VII. Parteien und Rundfunk

Aufgrund dieser Beispiele könnte man sich zu der Forderung verleiten lassen, auch Parteivertreter aus den Rundfunkgremien zu verdrängen und sich dabei etwa auf folgende Argumente stützen: Die

---

[96] *Wolfgang Roth* (Hrsg.), Kommunalpolitik – für wen? Arbeitsprogramm der Jungsozialisten, 1971, S. 25.
[97] FUNK-Korrespondenz, Nr. 28 v. 9. 7. 1970, S. 2; vgl. auch DIE ZEIT v. 17. 7. 1970; *Remmers* selbst hat sich kürzlich gegen das imperative Mandat im Verwaltungsrat ausgesprochen, Bericht in epd/Kirche und Fernsehen, Nr. 49 v. 23. 12. 1972, S. 9 a.

Parteien liegen auf der Nahtstelle zwischen dem freien dynamischen Bereich der Gesellschaft und dem Bereich der staatlichen Willensbildung. Als Institutionen, die von ihrem Zweck her auf die Gewinnung staatlicher Macht angelegt sind, neigen die Parteien dazu, den Rundfunk als Vehikel zur Gewinnung oder Erhaltung der Macht zu mißbrauchen. Als Regierungsparteien sind sie eng mit den Staatsorganen verbunden und auf eine ganz bestimmte Politik verpflichtet. Die von ihnen in die Rundfunkgremien entsandten Mitglieder stehen daher unter starkem Loyalitätszwang, der den erforderlichen Sachverstand zurückdrängt[98].

Damit zusammenhängend könnte man ferner einwenden: Parteien artikulieren politische Interessen. Im Rundfunk muß es aber auch einen politikfreien Raum geben, in dem sich künstlerische Freiheit und Betätigung entfalten kann[99]. Dieses zweite Argument spricht freilich nicht gegen einen völligen Ausschluß von Parteivertretern, sondern für deren zahlenmäßige Beschränkung. Eine kulturelle Repräsentanz[100] nur durch Parteien ist zu eng.

Diese Argumente sind sachlich begründet, sie lassen sich nicht einfach aus dem Felde schlagen, indem man den Autor als Anhänger des alten Antiparteienaffektes einordnet und dann zur Tagesordnung übergeht. Der alte deutsche Antiparteienaffekt ist auf dem Hintergrund der Glorifizierung des Staates, als Vertreters des Gemeinwohls zu verstehen. Dieser Hintergrund fehlt völlig, wenn – wie das hier geschehen ist – diese Fähigkeit des Staates selbst prinzipiell in Zweifel gezogen worden ist[101].

---

[98] Vgl. dazu Presseerklärung des PEN-Zentrums der BRD: „Wenn bei der Besetzung der Führungspositionen in Funk und Fernsehen nicht die Fähigkeit der Bewerber, sondern parteitaktische Erwägungen den Ausschlag geben, wird das Instrument systematisch zerstört, dessen Auftrag und Funktion nicht zuletzt gerade darin besteht, die Arbeit der Regierungen und Parteien aus kritischer Distanz zu spiegeln und dadurch den Mitbürgern die Möglichkeit freier Entscheidungen und tätiger Mitverantwortung offenzuhalten. In den Funkhäusern selbst werden durch das expansive Auftreten der Politiker ängstliche Anpasserei und skrupelloses Karrieredenken gefördert."
[99] *Sontheimer*, Gesellschaftlich relevante Gruppen und Parteien in der BRD, in dem in Anm. 14 zitierten Sammelband, S. 99; entsprechend *H. Schelsky*, aaO (= Anm. 40), S. 7.
[100] *Sontheimer*, aaO (= Anm. 99), S. 99.
[101] Siehe oben unter III, 2, richtig auch *Geisendörfer*, aaO (= Anm. 95), S. 6.

Anlage 2

Am Beispiel: Gewalt

Die Anfänge der Fehlentwicklung bei diesem Thema lagen in Berlin, in einer Stadt, die man zwar als insular und atypisch ansieht und die trotz allem Provinzialismus nichts von ihrer Bedeutung als Frühindikator verloren hat.

Parallel mit der damals in studentischen Kreisen intensiv geführten Debatte, ob Gewalt in der Demokratie überhaupt ein zulässiges Mittel wäre, ob Gewalt gegen Sachen erlaubt, gegen Menschen aber unzulässig ist, kamen auch die journalistischen Maßstäbe in Berlin ins Rutschen. Damit kein Mißverständnis entsteht, gemeint ist nicht der „Rundfunk im Amerikanischen Sektor" (RIAS), sondern die dort befindliche öffentlich-rechtliche Landesrundfunkanstalt, der SFB. Schon 1969 gab es Sendungen, die die Gefährlichkeit dieser Tendenz deutlich machten. Schallplatten wurden Texte unterlegt wie etwa:

„Spuckt dem Bürgermeister ins Gesicht, schlagt das ganze Lumpenpack in den Rathäusern kurz und klein."

Die Beatles waren diesen Redakteuren nur noch ein typisches Zeichen des Establishments, und man meinte, die Rolling Stones seien doch andere Kerle, weil sie sagen, man müsse erst alles kaputtschlagen, um neu wieder anfangen zu können. Und nach dem Musiktitel lautete die Absage:

„Sie hörten eine Aufforderung zur Sachbeschädigung."

Es gab schon damals über die Sender Formulierungen wie:

„Seid keine Krawattenmuffel, kauft Euch schwere Eisenketten und tragt sie um den Hals, auf der Brust geknotet, rasselt damit soviel Ihr könnt, Ketten sind auch Waffen, tragt Davidschleudern als Gürtel."

Noch schlimmer, es kam der Satz:

„Steine gibt es überall."

Als das alles keine Theorie mehr war und es blutige Straßenschlachten gab und Steine geworfen wurden, konnte man hören:

„Habt keine Angst, hört überhaupt mehr Scheiben an, die Euch aggressiv aufbereiten und lehnt softes Seelengedusel ab, in diesem Sinne: Street fighting man."

Nur einzelne Zitate? Nein, wer sich die Mühe machen würde, Archive zu durchforsten, und mit einer bestimmten Zeitverschiebung nicht nur etwa die in Berlin, sondern in allen deutschen Rundfunkanstalten, der würde solche Zitate zuhauf finden.

Man war rechtzeitig gewarnt, aber man hat lange Jahre und in der Konsequenz bis heute keine durchgreifenden Folgerungen gezogen. Die schlimme Entwicklung, die bis hin zu Gorleben geführt hat, ist mit Schuld der deutschen Rundfunkanstalten. Alt-Bundespräsident Walter Scheel hat 1977 bei der Verleihung des Theodor-Wolff-Preises nachdenklich gesagt, vielleicht werde einmal der Artikel geschrieben, „der sich mit den Ursachenfäden beschäftigt, die von der Presse zum Terrorismus führen". Gibt es ihn?

Niemand kann auch sagen, hier werde nur die Vergangenheit beschworen, heute sei das alles überwunden und nicht mehr realitätsbezogen. Als es in Bremen bei der feierlichen Vereidigung von Rekruten im Jahr 1980 zu Gewaltexzessen kam, war die Jugendsendung von Radio Bremen „Großer Pop-Karton" nicht besser und nicht anders als die Berliner vor über zehn Jahren. Sicher, Radio Bremen hat im zweiten Programm die Rekrutenvereidigung übertragen, wobei man diese Übertragung in der Jugendsendung schon als „Demosendung" abqualifizierte, aber „Großer Pop-Karton" wußte schon lange, bevor Untersuchungsausschüsse tätig geworden sind:

„Wer behauptet, wie es ja immer wieder geschieht, die Proteste seien kommunistisch gesteuert, redet einfach Blech." Der einschlägige Untersuchungsausschuß der VIII. Legislaturperiode des Deutschen Bundestages war da einstimmig anderer Meinung, zumindest über die aktive Beteiligung von kommunistischen Gruppen und deren Einfluß.

Wertneutral hieß es um 16.45 Uhr bei Radio Bremen: „Abmarsch des Zuges, vorweg Strohpuppe

am Galgen, „der eine gewisse Ähnlichkeit mit unserem Bundespräsidenten Carstens' nicht abzusprechen ist."

Als Farbbeutel geworfen wurden, waren die Uniformen einiger Soldaten damit „verziert".

In den Live-Interviews gab es unwidersprochen Ausdrücke wie „Militaristenshow", „Feldparade", „Chile" und den „Berliner Sportpalast" wach, wobei unmißverständlich war, daß mit dem Berliner Sportpalast die Göbbels-Rede gemeint war, in der er hysterisierend schrie „Wollt Ihr den totalen Krieg?". Ob Redakteure oder Anrufer, ist hier völlig unerheblich, denn es wurde ohne Distanzierung von einer Rekrutenvereidigung im Rahmen internationaler Kriegsvorbereitungen gesprochen.

Wie vor über zehn Jahren, die musikalischen Unterlagetitel waren im Inhalt gleich. 1969 „Street fighting man", 1980 „Das Hinkelsteinlied":

„Ach, ich wünsch' mir, eines Tages so stark wie Obelix zu sein und schmeiß' aufs Bundeshaus einen dicken Hinkelstein. Nehmt den Hinkelstein zur Hand, treibt alle Spitzen aus dem Land, wo alle Linken ins KZ kommen."

Es fehlte nicht Dieter Süverkrüps „Lied vom Tod".

Der Chefredakteur von Radio Bremen, Peter Wien, stellte zwar nachher fest, es sei den Reportern an keiner Stelle gelungen, ein wirklichkeitsgetreues

Bild der Vorgänge um das Weserstadion zu liefern. Die Sendung habe ihrem Auftrag nicht entsprochen, und insgesamt sei der Eindruck entstanden, daß in dieser Sendung nicht informiert, sondern agitiert werden sollte.

Dieser Bewertung durch den Chefredakteur hat sich der Rundfunkrat von Radio Bremen in seiner Sitzung am 17. Juli 1980 angeschlossen. Bei sieben Gegenstimmen und einer Enthaltung heißt es in dem Beschluß wörtlich:

„Der Rundfunkrat teilt voll inhaltlich die im Schreiben des Chefredakteurs geäußerte Kritik zur Sendung vom 6. Mai 1980."

Und wieder ist es bemerkenswert, daß es trotz dieses klaren Sachverhalts sieben Gegenstimmen und eine Enthaltung gegeben hat. Und aus den Reihen derer, die eine Verurteilung dieser skandalösen Sendung ablehnten, kam das Argument, man müsse davor warnen, den Jugendfunk „insgesamt zahmer" zu machen.

Die Behandlung von Bundeswehrgelöbnissen durch Radio Bremen ist allerdings kein Einzelfall. Bei der Berichterstattung über die ebenfalls mit schweren Gewalttaten verbundenen Ereignisse beim Gelöbnis in Hannover am 11. November 1980 mußte der Programmbeirat des NDR feststellen:

„Der Programmbeirat hält diese Berichte für sachlich unangemessen und falsch und fordert den NDR auf, derartige journalistische Fehlleistungen in Zukunft zu verhindern."

Es war ein einstimmiger Beschluß. Er kam zu spät. Die Redaktionen hätten vorher wissen müssen, was sie taten, denn der eingesetzte Berichterstatter war, was man schon vorher wußte, Herausgeber des in Hannover erscheinenden linksradikalen Blattes „Schädelspalter".

Wie falsch Politiker die Lage einschätzen, kann man allerdings der Rede entnehmen, die der Präsident des Bremer Senats, Bürgermeister Hans Koschnick, anläßlich der Hauptversammlung der ARD am 2. Juli 1980 in Bremen gehalten hat, als er sagte, der Bremer Senat halte unbeirrbar an einem Rundfunk fest, der der Öffentlichkeit verpflichtet ist, und wörtlich hinzufügte:

„Daß der öffentlich-rechtliche Rundfunk mit seiner besonderen Aufsichtsstruktur dieses Verfassungsgebot erfüllt, steht für mich außer Zweifel."

Die Wirklichkeit ist teilweise anders.

Die Verharmlosung der Anwendung von Gewalt in Sendungen des öffentlich-rechtlichen Rundfunks ist nicht bewältigt, und vom NDR sagte der heutige Hamburger Bundestagsabgeordnete Freimut Duve, zitiert nach dem SPIEGEL Nr. 13 vom 24. März 1980, dieser sei bei den Auseinandersetzungen um Brokdorf und Gorleben ein wichtiges Forum für die Umweltschützer gewesen. Wer die Sendungen im Detail untersucht, der weiß, daß es mehr gewesen ist. Die Berichterstattung war nicht nur das Forum für Umweltschützer, sondern illegale Gewalt wurde relativiert und legales Handeln wurde diffamiert. Wer sich heute in öffentlich-rechtlichen Rundfunkanstalten zu den Progressiven zählt, dem geht das Wort „Bulle" wie selbstverständlich über die Lippen. Von der Diffamierung der Berufsgruppe einmal abgesehen, der freiheitliche und prinzipiell gewaltlose Charakter des Grundgesetzes wird auch heute noch mißachtet. Seine Ausnahmeklausel anzuwenden, ist durch nichts gerechtfertigt, auch nicht durch Mißstände, die es in jedem demokratischen Staatswesen gibt und die nur durch demokratische Mittel beseitigt werden dürfen. Das so plausibel klingende Argument, erst nach Gewaltanwendung werde man gehört, ist hoch gefährlich. Es gibt einer Minderheit „Rechte", die, würde die übergroße Mehrheit sie auch in Anspruch nehmen, den Staat zerstörten. Selbst wenn diese Mehrheit „friedliche Mittel" anwenden würde, etwa den massiven Steuerstreik. Wo bliebe denn dann der Begriff „Angemessenheit der Mittel"?

Solange sich das nicht ändert — und woher sollen die Änderungen kommen —, kann man diesem Instrument nicht noch neue Programme überantworten.

Hier soll nichts über einen Kamm geschoren werden. Natürlich gibt es eine Mehrzahl von Sendungen in öffentlich-rechtlichen Rundfunkanstalten, die Gewalt in jeder Form verurteilen und ablehnen, es gibt aber auch die anderen, und diese sind unzulässig. Und schon vor über zehn Jahren ging wörtlich über einen Sender:

„Die Provos von Amsterdam haben vor einigen Jahren beträchtliches Aufsehen erregt, ihnen verdankt die internationale Studentenbewegung zwar kaum politische Motive, wohl aber viele taktische Anregungen."

Was damals die Provos waren, sind heute die Kraakers, und wer Sympathiebekundungen für sie und ihre deutschen Nacheiferer hören will, der braucht nur in die Programme deutscher Hörfunksender hineinzuhören. Die jüngsten Beispiele wurden bei den schweren Ausschreitungen ab Mitte Dezember 1980 in Berlin (West) geliefert.

Ein Berliner Bundestagsabgeordneter, der sich selbst zu den Linken zählt, hat am 18. Dezember 1980 unter Zeugen gesagt, er könne die Berichterstattung von SF-beat (die Hauptjugendsendung des SFB) nur als „kriminell" bezeichnen. Die Sendungen seien einseitig, polizeifeindlich und nicht von der Berichterstattung der „Taz" (die Taz ist eine in Berlin erscheinende Tageszeitung mit einer kleinen Auflage, die als links-extremistisch bezeichnet werden kann) zu unterscheiden. Ob dieses Urteil zutrifft, entzieht sich eigener Beurteilung — der einzige Fall in diesem Buche —, denn diese UKW-Frequenz ist in der Bundesrepublik nicht zu empfangen. Die einseitige und tendenzielle Berichterstattung von SF-beat in der Hausbesetzer-Kampagne aber hat eine Reihe von Beobachtern mit unterschiedlicher politischer Meinung bestätigt. (Wundern würde es den Autor nicht, denn in den zehn Jahren, in denen er den SFB leitete, gab es intern und öffentlich die heftigsten Auseinandersetzungen um diese Sendungen.

Ende der sechziger und Anfang der siebziger Jahre gab es noch einen Konsens zwischen Rundfunkrat und Intendanten, wenn im Notfall Sendungen abgesetzt worden sind. Dieser Konsens war später mit der Mehrheit der der SPD nahestehenden Rundfunkratsmitglieder nicht mehr zu erzielen. Es war mit ein Grund für die Abwahl.

Auch wenn man sich das zitierte Urteil nicht zu eigen macht, unübersehbar ist, daß viele Redakteure trotz der jüngsten Erfahrungen bei den Hausbesetzungen, etwa in Freiburg, der Kölner Fabrik, und jetzt auch in Berlin, nicht absehen wollen, daß die idealistischen Hausbesetzer, deren Motive bei der verfehlten Wohnungsbaupolitik verständlich sind, also die sogenannten Instand-Hausbesetzer, in Kürze das Opfer der — es ist ihr eigener Jargon — Machtkaputt-Hausbesetzer werden. Vertreter von K-Gruppen, Spontis, Kriminellen und europäisch mobile Gewalttäter reißen das Gesetz des Handelns an sich, und zwischenzeitlich friedlich verlaufende Demonstrationen sollten nicht darüber hinwegtäuschen, daß ein neuer und gefährlicher Untergrund entstehen kann.

Die erste „friedliche" Generation der Kölner Fabrikbesetzer ist ja in kurzer Zeit das eigene Opfer von Gewalttätern geworden; und eine jahrelang schwer fehlerhafte Wohnungspolitik kann nicht durch die Schaffung von zeitweilig „rechtsfreien Räumen" geheilt werden. Wer den kleinen Finger rechtsfrei hinhält, dem nimmt man die ganze Hand oder wie es früher hieß: Fünf Finger sind eine Faust.

Gerade in der ersten Phase der Auseinandersetzungen tragen aber nicht wenige Sendungen dazu bei, die Unterschiede zu verwischen, und sie bieten einen Resonanzboden. Man muß aber wissen, daß heute ein intellektuelles und ein kriminelles gewalttätiges Lumpenproletariat häufig demokratisch berechtigten Protest in kurzer Zeit umfunktioniert. Die Entwicklung von 1968 wiederholt sich in gespenstischer Weise, und wieder begreift eine Reihe von Redakteuren nicht, wo das einmünden wird.

Man kann sicherlich darüber streiten, ob die ZDF-Sendung „Eine neue Jugendrevolte?" vom 12. Februar 1981 sinnvoll gewesen ist oder nicht. Solche Debatten gab es auch bei den APO-Auseinandersetzungen Ende der sechziger und Anfang der siebziger Jahre. Auch damals kamen Vertreter der APO in Rundfunk und Fernsehen in Statements und Diskussionen zu Wort.

Von den Personen her war die ZDF-Sendung, soweit die Bundestagsparteien in Frage kommen, eine Fehlbesetzung. Dem Bundesgeschäftsführer der SPD, Peter Glotz, kann man noch abnehmen, daß er etwas von den Wohnverhältnissen und den verfehlten Sanierungsbemühungen in Berlin-Kreuzberg, also im „Kiez" versteht, aber er war in der Sendung ohnehin eine Randfigur. Von den örtlichen Verhältnissen wissen aber die Generalsekretäre der CDU, Geisler, der CSU, Stoiber, und der FDP, Verheugen, mit Sicherheit herzlich wenig. Diese Erkenntnis ist nicht so umwerfend, als das sie in der Chefredaktion des ZDF in Wiesbaden

Anlage 2

nicht auch hätte vorher vorhanden sein können. Leider hat man sich auch daran gewöhnt, daß heute bei solchen Sendungen der Partner nicht mehr zu Ende sprechen darf und daß die Fäkalsprache üblich geworden ist.

Aber es gibt einen Punkt, bei dem es für eine öffentlich-rechtliche Fernsehanstalt hätte zwingend sein müssen, die Sendung abzubrechen, nämlich als unverhohlen rechtswidrige Gewaltthesen eingeführt worden sind, als von „Gegengewalt" die Rede war. Als man davon sprach, man müsse sich gegenüber der Polizei „eigene Waffen" schaffen und als auch von Maschinengewehren die Rede war, die man sich wünschte. Denkt man ein Jahrzehnt zurück, dann wäre damals sofort die totale Schwarzblende gezogen worden. Heute spricht man am Schluß der Sendung von einem mißglückten Versuch.

Auch eine Untersuchung der zahlreichen Sendungen von ARD und ZDF über die Krawalle in Zürich zeigt, daß Autoren und Moderatoren von Sendungen zu wenig differenzierten und mit ihrer Sympathie eher auf der Seite der gewalttätigen Jugendlichen standen. Es gibt sicherlich viele Gründe jugendlichen Unmuts über die Kommunalpolitik in dieser Stadt. Wie in der Bundesrepublik ist es das Recht von Jugendlichen, ihrem Unmut auch durch Demonstrationen Ausdruck zu geben. Das freiheitliche Demonstrationsrecht gestattet es aber nicht, in massiver Form Sachschäden anzurichten und Menschen zu verletzen. Es ist legitim, darüber zu debattieren, ob ein Polizeieinsatz angemessen oder unangemessen war. Es ist aber nicht zulässig, Gewalt zu verteidigen oder zu verharmlosen. In vielen Sendungen ist das der Fall gewesen. Nur ganz wenige haben hingegen auf die internationale Verflechtung „berufsmäßiger" Gewalttäter aufmerksam gemacht, obwohl die Verbindungen klar zu Tage liegen. Selbst das sonst seriöse „Heute-Journal" des ZDF hat auf diesem Gebiet versagt, obwohl in Zürich erwiesenermaßen reisende Gewalttäter festgestellt worden sind, während in der Bundesrepublik ein schlüssiger Beweis gerichtsrelevanter Art noch fehlt. Die Züricher Motivstudie über die Gewalttaten wird viel zitiert. Man hört kaum etwas davon, daß am Otto-Suhr-Institut der Freien Universität Berlin „Hausbesetzer" — auch Züricher — die Studenten über Formen, Motive und Ziele des „Häuserkampfes" unterrichten.

Es hätte des Beweises nicht bedurft, aber in der Titelgeschichte, verbunden mit einem Interview, im „Spiegel" Nr. 52 vom 22.12.1980 lautet eine Frage:

„Sympathisanten der Jugendbewegung brachten damals den Slogan auf: Ohne Polizei kein Krawall. Ist wirklich nur die Polizei Schuld an der Eskalation der Gewalt?"

Die anonymen Jugendlichen aus Zürich, falls es wirklich Züricher waren, antworten:

„Nein. Unsere Bereitschaft, vor allem kaputtzuschlagen, was uns kaputt macht, war schon früher da."

Gewalt ist auch ein Problem der Massenhysterie. Sie kann auch durch Medien gefördert werden.

Damals wie heute wird Kritikern der Vorwurf gemacht, man sei nicht bereit oder nicht fähig, Ironie in Sendungen zu begreifen. Wer Zitate aus dem Jahre 1969 auch heute noch in die Kategorie der Ironie einstufen will, der muß sich den Vorwurf gefallen lassen, die Unwahrheit zu sagen, denn die Zunahme von Gewalttätigkeiten und die Erfahrungen des letzten Jahrzehnts zeigen eben, daß die Rezipienten nicht Ironie, sondern praktische Anleitung herausgehört haben.

Aber es ist nicht nur das in Teilbereichen der deutschen Rundfunkanstalten immer noch schwankende Verhältnis zur Gewalt, das skeptisch macht.

Wer über ein Jahrzehnt zurückdenkt, der weiß, daß die RAF-Terroristin (Der semantische Streit, ob man „Terrorist" oder „Sympathisant" sagt, füllt Aktenbände in Rundfunkanstalten.) Ulrike Meinhof Ende der sechziger Jahre so etwas wie ein Paradepferd in deutschen Rundfunkanstalten war. Wer kann ihre Sendung vergessen, die den Titel trug „Was habe ich davon, wenn ich auf die Trebe gehe". Sie wurde auch unter dem Titel „Bunker, Bunker" bekannt, und noch heute gibt es eine nicht gesendete Fernsehfassung, aber ein dafür aufgeführtes Theaterstück unter dem Titel „Bambule", das fast identisch mit den beiden vorhin genannten Titeln ist. Geht man vom gesendeten Ur-Manuskript aus, dann findet man die Formulierung von Ulrike Meinhof:

„Für die prinzipielle Richtigkeit dessen, was Irene, Monika, Jynette (das sind die drei Hauptmädchenfiguren der Sendung) hier erzählen, glaube ich, mich verbürgen zu können. Soweit ich die Verhältnisse, die die drei beschreiben, kenne, weiß ich, daß sie nichts Falsches erzählen."

Und wie Ulrike Meinhof recherchierte, zeigt der nächste Satz der Sendung:

„Daraus schließe ich, daß auch das übrige stimmt."

Man brachte damals solche Sendungen, obwohl Frau Meinhof in Publikationen der Freien Universität Berlin wörtlich veröffentlicht hatte:

„Wir wollen hier keine Journalisten ausbilden, die dann politisch gegen uns arbeiten. Wir wollen auch keine Hörfunk-Features herstellen, die für die öffentlich-rechtlichen Anstalten geeignet sind, sondern Features, bestimmt für die Agitationsarbeit in den Basisgruppen und Organisationen der Linken. Wer gegen die Unterdrückung schreibt, muß gleichzeitig in einer Organisation mitarbeiten, die die Unterdrückung bekämpft."

Ulrike Meinhof war in der Dialektik Redakteuren haushoch überlegen, denn sie tat beides. So war sie so etwas wie eine Star-Autorin in deutschen Rundfunkanstalten, und Frau Meinhof ist kein Einzelfall. Dieses Erbe wirkt auch heute weiter. Bei manchen Redaktionen kommt es auch heute auf

Fakten nicht an. Es ist nicht die Erfindung der Kritiker, sondern er stammt von Mitarbeitern der öffentlich-rechtlichen Rundfunkanstalten, der böse Satz: Wir lassen uns durch Recherche doch nicht das Ziel unserer Sendung kaputtmachen.

Ist das soviel anders geworden? Ohne heutige Autoren mit Frau Meinhof gleichsetzen zu wollen, was macht die ZDF-Sendung „Direkt", etwa die vom 28. Juni 1980?

Eine 45-Minuten-Sendung mit einer Gruppe, die ein Resozialisierungsprojekt in der Gegend von Köln beschreibt. Im Ansatz mit einem klar marxistischen Denkmodell. Die Umwelt ist an allem schuld, und wer heute stiehlt und betrügt, der trägt dafür keine Verantwortung, sondern nur die Verhältnisse.

Selbstzeugnisse sind alles, von Recherche, ob diese Selbstzeugnisse stimmen, ist auch nicht mit einem Wort die Rede. Wieder gibt es nur „Bullen", und wenn Gewalt ausgeübt wird, dann natürlich nur von der Polizei, während man selber in die Rolle der geschlagenen „Friedensengel" schlüpft.

Am Beispiel: Wirtschaft

Betrachtet man ein anderes Gebiet, nämlich das der Wirtschaft, dann wird die SPD nicht müde zu behaupten, die Wirtschaftssendungen in den beiden deutschen Fernsehsystemen, also „Bilanz" und „Plus-Minus", seien einseitig unternehmer-

orientiert und kapitalistisch. Eine Fehleinschätzung. Beide Sendungen sind plural im Meinungsspektrum, aber wie die Wirtschaftsteile der Zeitungen, realistisch in der Grundhaltung. Wirtschaft ist eben kein Feuilleton.

Gehen wir wieder zehn Jahre zurück, dann gab es Sendebeispiele wie das folgende:

„Demokratie wird im Deutschland der Konzerne und Oligopole schlicht gleichgesetzt mit politischer Demokratie, und politische Demokratie gilt als gewährleistet durch die Existenz demokratischer Institutionen."

Und wenig später:

„Der Kapitalismus, der inzwischen seinerseits in Fäulnis überging, ist nur in seiner Endphase zu einer doppelten ideologischen Buchführung gezwungen; konserviert er einerseits in dem Museum seiner offiziellen Ideologie die liberalen Fetische des revolutionären Bürgertums, so erzeugt er andererseits notwendig den ideologischen Ruch seiner in sich verschärfenden Widersprüchen fortschreitenden Verwesung. Die geheime ideologische Buchführung des Spätkapitalismus ist der Totalitarismus als der konsequenten Fortsetzung des Liberalismus unter den veränderten Voraussetzungen monopolistischer Produktion. Die demokratischen Institutionen haben dabei die Funktion, Kollisionen zwischen der offiziellen und der inoffiziellen Ideologie zu vermeiden."

Über zehn Jahre her, nur exemplarisch im Ansatz. Damals kannte noch niemand den Ausdruck Stamokap. Die Stamokap-Ideologie aber war schon damals Bestandteil von Sendungen im öffentlich-rechtlichen Rundfunk.

Ist das alles nur Vergangenheit? Nein, in vielen Teilen des Programms ist das auch heute noch virulent, und man kann an jedem Tag in einen beliebigen Sender hineinhören, das Wort „Spätkapitalismus" hört man mit Sicherheit, obwohl es zumindest leichtfertig ist, diese Begriffsbestimmung anzuwenden, denn wo gibt es den exakten Beweis dafür, daß die gegenwärtige Periode bereits der „Spätkapitalismus" ist?

Im übrigen werden Wirtschaftsthemen ja nicht nur in den klassischen Sendungen behandelt, sondern man findet sie in Kursusreihen, im Jugendfunk und Jugendfernsehen, in gesellschafts-politischen Sendungen bis hin zum Kirchenfunk.

Es werden hier nur zwei Beispiele herausgegriffen, obwohl man sie jeden Tag um weitere vermehren könnte.

In einer Gemeinschaftsproduktion mit Seriencharakter des Südwestfunks und des ZDF sollte dem Zuschauer das Thema Arbeitsrecht nahegebracht werden. Es ist nicht möglich, alle Details einer 45-Minuten-Sendung zu schildern, aber schon die Typologie der Hauptfiguren zeigte die Absicht. Der Meister in dieser Fernsehsendung war klein, mickerig, zänkisch und trug fast querulantenhafte Züge.

Sein Kontrahent, der gewerkschaftlich geschulte Facharbeiter, war ein Schrank von Mann, sympathisch, kurzum eine Figur, mit der man sich identifizieren konnte.

Die Handlung ist schnell erzählt. In den Frühstunden hat eine Fremdfirma eine Anlieferung vorgenommen und dabei direkt hinter einer Tür eine große Öllache hinterlassen. Bis kurz vor Arbeitsende geschieht nichts. Dann aber verlangt das „Ekelpaket" von Meister vom sympathischen Facharbeiter, er solle diesen Gefahrenherd beseitigen. Der Arbeiter weigert sich, das zu tun, denn er sei keine Putzfrau.

Und wie es der Zufall will, man hat alle einschlägige Literatur sofort zur Hand, Einzeltarifverträge, Manteltarifverträge bis hin zum Grundgesetz, um an diesem Beispiel klarzumachen, was Arbeitsrecht bedeutet.

Arbeiter, die das Fernsehteam bei den Dreharbeiten beobachtet haben und vor dieser Darstellung warnten, haben, nachdem sie die Sendung gesehen haben, nur lachen können. In ihrer Sprache sagten sie, so etwas sei Blödsinn, und sie würden schon aus Eigeninteresse sich nicht selber und ihre Kollegen in Gefahr bringen, einen Unfall zu erleiden. In der Praxis, so sagten sie, haut man eine Handvoll Granulat über die Öllache, kehrt das Zeug zusammen, und der Fall ist erledigt. Es sei nur am Rande erwähnt, daß der Rechtsaufbau der Sendung irrig war, denn gegriffen hätten die Unfallverhütungsvorschriften.

Ein anderes Beispiel ist die Auseinandersetzung über die ursprünglich vom NDR abgesetzte Serie „Der Betriebsrat". Es ist hier völlig unerheblich, von wem der erste Protest gegen diese Sendereihe gekommen ist. Er kam von Arbeitgeberseite aus Schleswig-Holstein. Entscheidend allein ist das eigenverantwortliche Handeln der zuständigen Rundfunkanstalt, wobei in diesem Fall der Entscheidungsprozeß bis zum Intendanten heraufgetrieben worden ist. Er hat sich davon überzeugt, daß in diesem Fall die Einseitigkeit und Agitation nicht vertretbar ist, und Veränderungen verlangt.

Symptomatisch waren die Folgen. Von der DGB-Spitze über Einzelgewerkschaften bis hin zu Ortsausschüssen gab es ein wochenlanges Trommelfeuer, gespickt mit Unterstellungen, und wieder einmal war die Rundfunkfreiheit bedroht. Protestresolutionen gab es en masse, und bei der übergroßen Mehrheit der Resolutionsverfasser kann man davon ausgehen, daß sie den Inhalt der Serie überhaupt nicht kannten.

Pressure groups von außen arbeiteten, wie schon so oft gehabt, mit pressure groups in den Anstalten Hand in Hand. Redakteursausschüsse protestierten, und wie immer wurde der Artikel 5 des Grundgesetzes beschworen und dessen Verletzung durch den Intendanten angeprangert, obwohl Artikel 5 des Grundgesetzes die Anstalt gegen Zensur von außen schützt, aber niemandem in den Anstalten das Recht gibt zu sagen und zu senden, was er will. Das normale Redaktionsrecht, wie es öffentlich-rechtliche Rundfunkanstalten in An-archie verfallen würden, wurde in Zensur umgefälscht. Und der schillernde Begriff der inneren Rundfunkfreiheit wurde bis zum Überdruß strapaziert.

Dieses Beispiel wird bewußt angeführt, weil an ihm deutlich erkennbar ist, wie Druck von innen und von außen zusammenwirken und welche Allianzen sich bilden können. Ein spektakulärer Fall, der eigentlich für die Güte der Binnenkontrolle spricht. In diesem Falle ja, aber ihm stehen 100 und mehr ungerügt gegenüber.

In vielen Sendungen ist es heute gängiges Schema geworden, daß die Azubis (Auszubildende) die Unterdrückten sind, daß die Ausbildung nichts taugt und daß man Bierholer und Werkstattkehrer ist.

Niemand stellt in Abrede, daß es auf dem Gebiet der Lehrlingsausbildung Mißstände gibt, daß die AZO verletzt wird und es natürlich auch Meister gibt, die Autorität nicht aus Kenntnissen, sondern nur aus der Funktion ableiten.

In nicht wenigen Sendungen wird aber dieses Klischee gepflegt. Die übergroße Mehrheit der normalen Ausbildungsverhältnisse und das gute Beispiel sind in Sendungen in der verschwindenden Minderheit.

Eine große Zahl von Sendungen in Hörfunk und Fernsehen strickt am Schwarzweißmuster weiter: Die Arbeiter sind gut, aber rechtlos, und die Unternehmer sind ausbeuterisch und geldgierig.

Es löst nur Gelächter aus, wenn man, was ja vielfach geschieht, darauf hinweist, daß in deutschen Krimis die Übeltäter fast immer reich und wohlhabend und Unternehmer sind. Sie verfügen über klotzige Bungalows mit den dazugehörigen Swimmingpools, zur rechten und zur linken Hand haben sie „Gespielinnen", und ihre Arbeit im Betrieb reduziert sich auf gelegentliche Stippvisiten.

Die Gegenargumentation von Programmdirektoren und Regisseuren ist bekannt, nämlich daß angeblich das Publikum den „glanzvollen Rahmen" haben will. Mit exakten Zahlen kann man das zwar nicht belegen, aber diese Verzerrung der Wirklichkeit hat Schaden angerichtet. Sozialpartnerschaft bei aller notwendigen Härte, etwa bei Tarifauseinandersetzungen, die zu bejahen ist, wird vielfach zum sozialen Klimbim herabgestuft.

Führen wir ein weiteres Beispiel aus dem Westdeutschen Rundfunk an. Wann immer Henning Venske (er ist inzwischen nicht mehr für den WDR tätig) am Sonntagmorgen die Sendung „Folklore Basar" moderierte, sie bestand bei ihm nur aus Klassenkampf und dem Aufbegehren der Unterdrückten gegen die Unterdrücker, und keine Zwischenansage ohne klassenkämpferischen Bezug. Als wenn Folklore nur das wäre. Sie ist ebenso Lied und Leid, Freude am Leben, an Musik und Lied, am Tanz und an Festen. Bei seinen Nachfolgern hat sich wenig am Charakter der Sendung verändert. Das gleiche gilt für die „Matinee der Liedermacher", die schwerpunktmäßig Chile und Franco-Spanien behandelt, aber offenbar nichts davon wissen will, daß gegen Links-Diktaturen ein vielfältiges gleiches Liedgut entstanden ist.

Auch auf dem Gebiet der Rationalisierung ist in vielen Sendungen eine sachliche und sachgemäße Darstellung nicht anzutreffen, und es werden Ängste geschürt. Natürlich ist die Rationalisierung und die Mini-Elektronik eine Jahrhundert-Herausforderung für Staat, Wirtschaft und Gewerkschaften, aber in nicht wenigen Sendungen wird so getan, als wenn sich hier die große Chance eröffnet, nach dem Prinzip...hire an fire" endlich ungehemmt vorgehen zu können. Als wenn es in der Bundesrepublik keine Kündigungsschutzgesetze gäbe, als wenn die Gewerkschaften, etwa die IG Metall, nicht ein weltweit vorbildliches Rationalisierungs-Schutzabkommen mit den Arbeitgebern abgeschlossen hätten. Auch hier soll nicht pauschal geurteilt werden, denn es verdient festgehalten zu werden, daß es auch Sendungen gibt, die exakt informieren, Probleme aufzeigen und Ängste abbauen, anstatt sie emotional zu schüren.

Aber auch auf diesem Gebiet kann man weit zurückgehen und eine Sendung aus dem Jahre 1969 zitieren, in der es hieß:

„Während in den hochindustrialisierten Ländern des Westens die Freisetzung von Arbeitskräften durch Rationalisierung und die Entwertung vieler traditioneller Berufe Angst und Unsicherheit unter Arbeitern und Angestellten hervorrufen, weil ihre Regierungen offensichtlich dem technischen Fortschritt an die Seite zu stellen wissen, sind diese Probleme in den sozialistischen Staaten durch langfristige Vorausplanung gelöst worden. Die Sowjetunion war das erste Land, das ein Ministerium für Automation einrichtete; Pläne für Wirtschaft und technische Entwicklung werden im Zusammenhang und in völliger Übereinstimmung mit Ausbildungsplänen aufgestellt." (Keine Sendung „Ost", sondern „West".)

Nur Verirrung eines Redakteurs, obwohl doch damals wie heute völlig klar ist, welche versteckte Arbeitslosigkeit in den RGW-Ländern vorhanden ist? Nein, auch heute noch virulent. Sicherlich, ideal-typische Verhältnisse haben wir nicht erreicht, aber die Bundesrepublik Deutschland hat nun einmal auch auf diesem Gebiet das sogenannte soziale Netz am dichtesten gespannt.

Am Beispiel: Rauschgift

Das öffentlich-rechtliche System hat auch in einem weiteren entscheidenden Punkt versagt und Entwicklungen nicht gebremst, als es vielleicht noch möglich gewesen wäre. Heute wissen wir alle um die schrecklichen Folgen, die das Rauschgift nicht nur bei den direkten Opfern, sondern auch bei den leidgeprüften Familien verursacht, und man versucht durch Sendungen und Spots auf die Gefährlichkeit dieser Entwicklung hinzuweisen. Geht man wieder zehn Jahre zurück, hier ist allerdings gezielt auf den Hörfunk abzuheben, dann hat es nicht wenige Sendungen gegeben, in denen Hasch verharmlost worden ist, und seine Bedeutung als Um-

stiegsdroge wurde in diesen Sendungen bestritten, zumal man auf diesem Gebiet auch einen Kronzeugen hatte, nämlich die „ZEIT", die sich heute auch nicht mehr gern an ihre fehlerhafte Beurteilung erinnern läßt. Auch hier, wie bei folgenden Betrachtungen, könnten Zitate angefügt werden, etwa das, in dem man „ironisch" gemahlene Bananenschalen als Rauschgiftersatz empfohlen hat. Das führt zwar nicht zu dem gewünschten „Erfolg", aber allein diese sogenannte „Ironie" hat Schaden angerichtet.

Es soll nicht etwa bestritten werden, daß es damals viele andere Sendungen gegeben hat, die gewarnt haben, aber bei der hohen Glaubwürdigkeit, die dem Rundfunk zugemessen wird, haben die Sendungen, die verharmlosten, verheerende Folgen gehabt.

Aber das ist die Crux bei vielen jüngeren Redakteuren, daß sie geradezu mit hängender Zunge modischen Trends hinterherlaufen, obwohl den guten Politiker dasselbe ausmacht wie den guten Redakteur, nämlich daß er nicht nur bedenkt, was er heute tut, schreibt oder sendet, sondern auch die möglichen Folgen und Auswirkungen in seine Betrachtung einbezieht. Doch warum sollen Redakteure eigentlich klüger sein als Politiker? Wie beurteilte im Februar 1981 ein Bundesminister der FDP die Lage? Das Recht in Berlin herzustellen, so sagte er, bedeutet Bürgerkrieg. Außerdem seien es immer Minderheiten, die die gesellschaftliche Entwicklung bestimmten. Eine klassische Anleihe bei Altvater Lenin — oder anders gesagt — Mehrheit zählt nicht, weil sie staatstreu ist.

Am Beispiel: § 218

Dieses Thema ist zwar nicht mehr brandaktuell und in der Berichterstattung gegenüber vor zwei oder drei Jahren keine tägliche Kost.

Aber so lange ist es auch wieder nicht her, daß die abgeschmackte Parole „Mein Bauch gehört mir" auf Straßen und Plätzen zu sehen und in Sendungen zu hören war.

Nimmt man die Summe aller Sendungen aus dieser Zeit, dann war die Berichterstattung einseitig, und die für die Abschaffung des § 218 eingetretenen sind, wurden unzulässig bevorteilt.

Es sei nur an die Berichterstattung von „Panorama" erinnert, das die Absaugmethode am lebenden Objekt im Bild, genau am Vortage einer wichtigen Entscheidung des Bundestages auf diesem Gebiet, demonstrierte und den Eindruck erweckte, eine Abtreibung bedeute im Grunde genommen nicht mehr als ein wenig Nasenbluten. Jedenfalls hat damals der NDR es strikt abgelehnt, in einer größeren Sendung zu zeigen, wie grausig es ist, wenn ein Fötus von rund 14 Wochen nach der Empfängnis, dann aber mittels der Curettage, abgetrieben wird. Hier auf einmal wollte man nicht mehr „aufklärerisch" sein, weil das in das ideologische Bild von manchen Redakteuren nicht mehr hineinpaßte und nur störend wirken konnte. Doch vom Medizinischen einmal abgesehen, die ethischen Gründe derer, die gegen die Abtreibung sind, kamen zu kurz, und es gab nicht wenige Sendungen, in denen sie auch noch verhöhnt worden sind.

Am Beispiel: Kernenergie

Betrachtet man das Gebiet der friedlichen Nutzung der Kernenergie, dann gibt es sicherlich viele Sendungen, die sich redlich bemühen, das Für und Wider dieser Technologie darzustellen, aber in der Summe der Sendungen haben diejenigen, die die Plakette „Atomkraft, nein danke" tragen, weit mehr Chancen, in den öffentlich-rechtlichen Systemen zu Wort zu kommen als diejenigen, die sich mit dem Emblem „Steinzeit, nein danke" schmükken.

Es ist nicht erforderlich, hier ins Detail zu gehen, denn alle Verantwortlichen wissen, daß es auf diesem Gebiet eine tendenziöse Berichterstattung gegeben hat und gibt, von Wyhl bis Brokdorf oder Gorleben. Und es gibt sogar erwiesene Fälle, in denen Demonstrationen so abgesprochen worden sind, daß die Kameras auch pünktlich zur Stelle waren.

Das sind natürlich Einzelfälle, aber für viele Demonstranten hat das Übermaß an einseitiger Berichterstattung sich stimulierend ausgewirkt, und in den Anfangszeiten der Straßenkrawalle war es ja so, daß man die Demonstrationen so rechtzeitig beendete, um nachher noch im Fernsehen sehen zu können, was man an „Heidentaten" vollbracht hat.

Aber auch hier geht es nicht etwa nur um Vergangenheitsbewältigung. Wenige Tage vor der sehr ernsthaft geführten Haushaltsberatung über den

Etat 1981 im Februar im Deutschen Bundestag gab es im Süddeutschen Rundfunk — und das auch noch im Schulfunk — eine Sendung mit folgendem Text:

„Beim Frühstück sitzen drei Kapitalisten und ein Ministerpräsident,
ein Atomspezialist und ein hoher Polizist
und ein Typ vom DGB, der pennt.
Der Herr der Industrie nimmt zuerst das Wort:
Der Profit wird uns hier zu klein!
Wir brauchen ein zweites Ruhrgebiet
und das bauen wir am Oberrhein!
Dazu plan'n ich Euch, sagt der Spezialist,
ein Atomkraftwerk, na klar.
Daß es schädlich ist und wahrscheinlich Mist,
verge'ß ich über'm Honorar.
Der Chef der Polizei erklärt:
Ich kann das Volk nicht schützen vor Dreck,
doch den Dreck kann ich schützen vor dem Volk,
wenn es rebelliert, geb't mir Waffen
und ich schaff es weg.

Musiktheoretiker mögen darüber streiten, ob man diese primitive Simplifikation auch noch zu der Weise des Horst-Wessel-Liedes singen kann.

Aber man kann auch auf ein anderes aktuelles Beispiel, nämlich auf Journal 3 des III. WDR-Fernsehens vom 12. Januar 1981 verweisen, in dem die sogenannten „Strobos" gelobt wurden. Unter „Strobos" versteht man Bürger, die einen Teil ihrer Stromrechnung auf Sperrkonten überweisen, weil ja Bruchteile des gelieferten Stroms aus Kernreaktoren kommen könnten. Eine Richterin hat in erster Instanz dieses Verhalten sogar als rechtmäßig erklärt, während übergeordnete Instanzen in vergleichbaren Fällen zu entgegengesetzten Entscheidungen kamen.

In dieser Sendung heißt es: „Der Gegner ist mächtig, er heißt VEW (Vereinigte Elektrizitäts-Werke) und ist einer der größten Stromverteiler in der Bundesrepublik. Gleichzeitig aber auch einer der massivsten Interessenvertreter für den Bau von Atomkraftwerken. Aber so mächtig wie die VEW ist, so lächerlich tritt sie gegenüber den Stromboykotteuren in Dortmund auf. Wie ein biederer Einzelhandelskaufmann, dem ein paar Tomaten geklaut wurden, zieht man sie vor Gericht. Law and order, Gesetz und Ordnung, müssen wieder hergestellt werden, wenn ein paar Kunden sich erdreisten die Computerrechnung der VEW einer gesellschaftspolitischen Substration zu unterziehen."
Nun, das Dortmunder Landgericht hat nach „law and order" gehandelt, obwohl „law and order" in der Zwischenzeit zu einem Schimpfslogan geworden ist, und daran haben die öffentlich-rechtlichen Rundfunkanstalten kräftig mitgewirkt.

Hängt man sich heute ein gesellschaftspolitisches Mäntelchen um, dann ist „law and order" nicht mehr, was es schlicht bedeutet, nämlich Recht und Gesetz, sondern dann ist es eben nur abwertend zu gebrauchen.

Der arme Teufel, der einmal ein Rottlicht überfährt, kann gesellschaftspolitische Gründe nicht geltend machen. Er kommt ins Flensburger Register, es sei denn, es würde sich eine Interessengemeinschaft bilden, die auch anfängt zu demolieren oder zu zündeln. Das würden selbst progressive Redakteure nicht als gesellschaftspolitisch relevant ansehen.

Am Beispiel: „Radiothek"

Erst nach vielem Zeter und Mordio-Geschrei hat der WDR in seiner neuen Programmstruktur 1981 die Jugendsendung „Radiothek" abgeschafft. Ein Prozeß, der über Jahre ging und zur Einsetzung eines besonderen „Radiothek"-Ausschusses des Programmbeirates des WDR führte. Der Abschlußbericht wurde am 8. Juli 1975 vom Programmbeirat mit 15 Stimmen bei einer Gegenstimme und einer Stimmenthaltung angenommen und die Einseitigkeit dieser Sendung scharf verurteilt. Wörtlich heißt es in diesem Beschluß:

„Der Programmbeirat des WDR nahm in seiner Sitzung am 8. Juli 1975 einen ausführlichen Bericht der von ihm eingesetzten Kommission über die Hörfunksendereihe ‚Radiothek' entgegen. Nach der Aussprache kam der Programmbeirat zu dem Schluß, daß die herausragende Stellung der Sendung ein besonderes Maß an Objektivität, Fairneß und journalistischer Präzision erfordere; diese Voraussetzungen können in Beobachtungszeitraum nur teilweise als gegeben angesehen werden. Der Programmbeirat empfiehlt dem Intendanten, die Redaktion ‚Radiothek' in Zukunft besonders auf die Einhaltung dieser Kriterien zu verpflichten."

Der Unterausschuß selbst ist weiter gegangen und hat festgestellt:

„In einer Vielzahl von Sendungen ist nicht diesen Kriterien (also Objektivität, Fairneß und journalistische Präzision) gemäß gearbeitet worden."

Er meinte sogar, nur etwa ein Drittel der Sendungen genüge den Ansprüchen, die sich die Redaktion selbst gestellt hat, und rund 40 Prozent der Sendungen böten Anlaß zu Kritik. Er sprach ferner bei einzelnen Sendungen von Zerrbildern der Wirklichkeit und davon, daß sie weit davon entfernt seien, was das WDR-Gesetz verlange, nämlich der Wahrheit verpflichtet zu sein.

Von 1975 bis 1981 hat es gedauert, um aus diesen Erkenntnissen die Konsequenz zu ziehen, das heißt, es helfe nichts anderes, als die Notbremse zu ziehen und die „Radiothek" einzustellen.

Nach außen wurden zwar viele andere Gründe, etwa die Zuschauerabwanderung zur RTL und zum SWF III, angegeben. Der eigentliche Grund aber war, daß man der Geister nicht mehr Herr wurde, die man lange Jahre gewähren ließ.

Wer die Dauerdiskussion beim Bayerischen Rundfunk über das „Notizbuch" verfolgt, der kann ebenso feststellen, daß dort eine vergleichbare Programmentwicklung wie bei der „Radiothek" zu verzeichnen gewesen ist. Wer die Einseitigkeit dieser Sendungen allerdings kritisierte, der mußte damit rechnen, in linksliberalen Zeitungen und in der

Mehrheit der Fachmediendienste sofort als reaktionär angeprangert zu werden. Als man beim Bayerischen Rundfunk aus der Programmentwicklung personelle Konsequenzen zog, war des Klagens kein Ende. Mitte Dezember 1980 mußte der Intendant des Bayerischen Rundfunks allerdings nach einem Abschalt-Eklat öffentlich erklären, daß bestimmte Leute in den Sendungen des „Notizbuch" versuchten, den Rundfunk als Medium der Indoktrination zu mißbrauchen und sich ein Meinungsmonopol zu sichern. Eine späte Erkenntnis, denn dieses Meinungsmonopol wurde über ein Jahrzehnt geduldet.

Zu welchen geschmacklosen Verirrungen man kommen kann, das hat gegen Ende des Jahres 1980 noch einmal Radio Bremen bewiesen, das in einer Hörfunksendung „Großer Popkarton" vom 20. November 1980 in einer Nachlese zum Papstbesuch in der Bundesrepublik folgendes senden ließ:

„Ja, nun ist er in Urlaub gefahren, der Herr Karol Wojtyla, der sich, nachdem er nun endlich die absolute Spitze Karriere erreicht hat, den Künstlernamen Johannes Paul II. zugelegt hat. Vorbei ist die Holy Horror Picture Show. Die Unantastbarkeit einer heiligen Kuh hat er ja nun auch wieder nicht. Denn man darf ihn ja küssen. Zwar nicht auf den Mund, aber dafür auf die Füße und manchmal auch auf die Finger. Er dagegen hat sich offensichtlich auf Fußböden spezialisiert. Jedesmal, wenn er irgendwo ankommt, geht er erst mal auf den Boden. Jedem das Seine und das

alles ganz in Weiß. Kein heiliger Geist wird ihn uns nehmen. Obwohl der ja schon ganz andere Dinger gedreht haben soll. Damals zum Beispiel mit Maria und so."

Wieder wurde diese Sendung mit aggressiven Songs angereichert, und das Leitungs-Direktorium von Radio Bremen entschloß sich nur zu einer Rüge gegenüber dem verantwortlichen Redakteur.

Um die gleiche Zeit aber gab es, auch bei Radio Bremen, eine Sendung mit dem Biermannlied „Heil Hitler, deutscher Wandersmann", das Biermann selber als Hetzlied bezeichnet hat und das eindeutig auf Bundespräsident Carstens gemünzt ist.

In solchen Fällen sind es dann vielfach die Jungsozialisten, die von Einschüchterungen der Redakteure sprechen, obwohl es um nicht zu verantwortende Stillosigkeiten geht. Aber in der Zeit, in der es um die Wahl des Bundespräsidenten ging und auch nach seiner Wahl wurde ja in einer Vielzahl von Sendungen vom „Herrenreiter Carstens" gesprochen, von Hamburg bis München, ohne daß Verantwortliche sich gefordert fühlten.

Bei der Einstellung der „Radiothek" veröffentlichte der DGB-Bundesvorstand eine Stellungnahme, die fast den Charakter einer Todesanzeige hatte. Es wurde lebhaft beklagt, daß man Jugendlichen ihr Artikulationsorgan genommen hat. Ein seltsames Bedauern, denn in der „Radiothek" sind die Gewerkschaften häufig als Erfüllungsgehilfen des Kapitalismus attackiert worden. Wenn Gewerkschaftspolitik vorkam, dann kaum im befürwortenden Sinne für Heinz-Oskar Vetter, Eugen Loderer oder den IG Bergbau-Vorsitzenden Schmidt, sondern höchstens auf der Linie Mahlein/Hensche. Der bevorstehende Generationswechsel in den deutschen Gewerkschaften war schon vorweggenommen.

Am Beispiel: Extremistenerlaß

Wollte man bei diesem Kapitel mit Zitaten arbeiten — sie liegen in Hülle und Fülle vor —, dann könnte man damit ein eigenes Buch füllen. Aber symptomatisch für die Behandlung dieses Themas war die WDR-Sendung vom 16. Februar 1981 „48 Stunden". Es ging hier darum, daß das Jugendamt der Stadt Kleve einem Ehepaar eine Pflegschaft für ein Kind verweigert hat, weil der in Aussicht genommene Pflegevater aktives Mitglied der DKP ist. Man tritt der Sendung nicht zu nahe, wenn man sagt, es war ein „Rührstück". Es gibt andere Beispiele in Hörfunk und Fernsehen, wie etwa den Fall der hessischen Lehrerin Silvya Gingold. Es wird nicht in Abrede gestellt, daß menschliche Probleme bei dem, was man fälschlich den Extremistenerlaß nennt, häufig eine Rolle spielen. In manchen sogar eine menschlich tragische.

Aber auch wenn man die Sendungen in öffentlich-rechtlichen Rundfunkanstalten zu diesem Thema insgesamt betrachtet, dann ist das Verhältnis zwischen menschlichen Aspekten und der Erörterung des gültigen Programms der DKP, beschlossen am 22. Oktober 1978 in Mannheim, etwa 100:1.

Im DKP-Programm ist festgelegt, daß diese Partei die revolutionäre Partei der Arbeiterklasse in der Bundesrepublik Deutschland ist. Sie erkennt die Sowjetunion als Hauptkraft der sozialistischen Staatengemeinschaft und als Zentrum des revolutionären Weltprozesses an, auch als Pionier des Menschheitsfortschrittes. Sie ist nicht nur allgemein für den Sozialismus. Voraussetzung dazu ist die Erringung der politischen Macht durch die Arbeiterklasse — als Ergebnis des konsequenten Klassenkampfes im Sinne von Marx, Engels und Lenin. Die Oktoberrevolution in der Sowjetunion hat sich nach dem DKP-Programm für alle nachfolgenden sozialistischen Umwälzungen bestätigt.

Das Parteiprogramm der DKP ist für jeden einzelnen Kommunisten in allen Lebensbereichen verbindlich und verpflichtend. Im Falle der Pflegschaft wäre also der DKP-Pflegevater persönlich verpflichtet, sein Mündel in diesem Sinne zu erziehen. Das heißt also, zu einer Antidemokratin.

Es gibt nur verschwindend wenige Sendungen, die sich mit dieser Problematik befaßt haben und die den Widerspruch aufzeigten, daß es unmöglich ist, auf der einen Seite dem DKP-Programm verpflichtet zu sein und auf der anderen Seite, was ja für Beamte zwingend ist, jederzeit aktiv für die freiheitlich demokratische Grundordnung einzutreten. Man kann aber nicht gleichzeitig Christ und Mohammedaner sein. Viele der Redakteure in öffentlich-rechtlichen Rundfunkanstalten sind stolz darauf, wie liberal sie auf diesem Gebiet sind.

Der Generalsekretär der SED, Erich Honecker, hat in einer Rede im Februar 1981 erklärt, die Frage der Wiedervereinigung stelle sich anders, wenn der Sozialismus an die Türen der Bundesrepublik Deuschland klopfen werde, wenn die Arbeiterklasse in der Bundesrepublik wie in der DDR den Weg zum Sozialismus frei gemacht habe.

Man stelle sich vor, das würde eines Tages Wirklichkeit. Die journalistische Liberalität wäre dann schnell am Ende. Höhnend könnte man dann vielleicht von Kommunisten das Leninwort hören: Die Kapitalisten verkaufen den Kommunisten auch noch den Strick, an dem man sie aufhängen werde.

Wie oft wird das Wort beschworen, daß man aus der Geschichte zu lernen hat und nicht wenige Vertreter der jungen Generation werfen heute der älteren Generation vor, sie hätten Adolf Hitlers „Mein Kampf" nicht gelesen, obwohl doch in diesem Buch exakt beschrieben worden ist, welche Politik im Nationalsozialismus betrieben werden wird. Warum liest man heute nicht das Programm der DKP, obwohl es jedem zugänglich ist?

74

Quelle: Franz Barsig, Die öffentlich-rechtliche Illusion. Medienpolitik im Wandel, Deutscher Instituts-Verlag, 1981.

94 Anhang

ARD-Rundfunkanstalten *Anlage 3*
Funkhäuser, Studios und Büros in der Bundesrepublik
Sendegebiete der Landesrundfunkanstalten

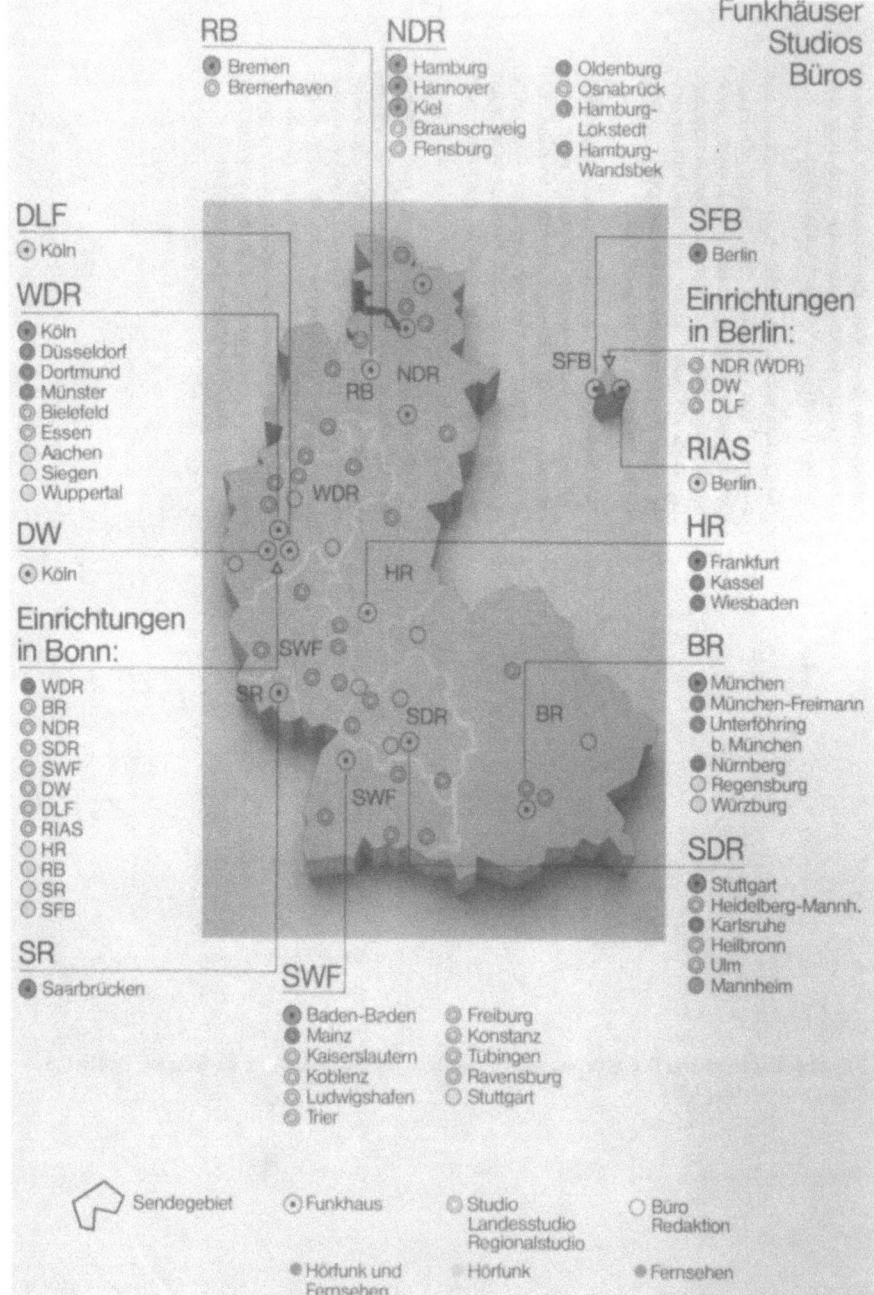

Anlage 3   95

Landesrundfunkanstalten   **Finanzstatistik 1981**
Gebührenpflichtige und gebührenbefreite   Grafik 2
Rundfunkteilnehmer 31. 12. 1981

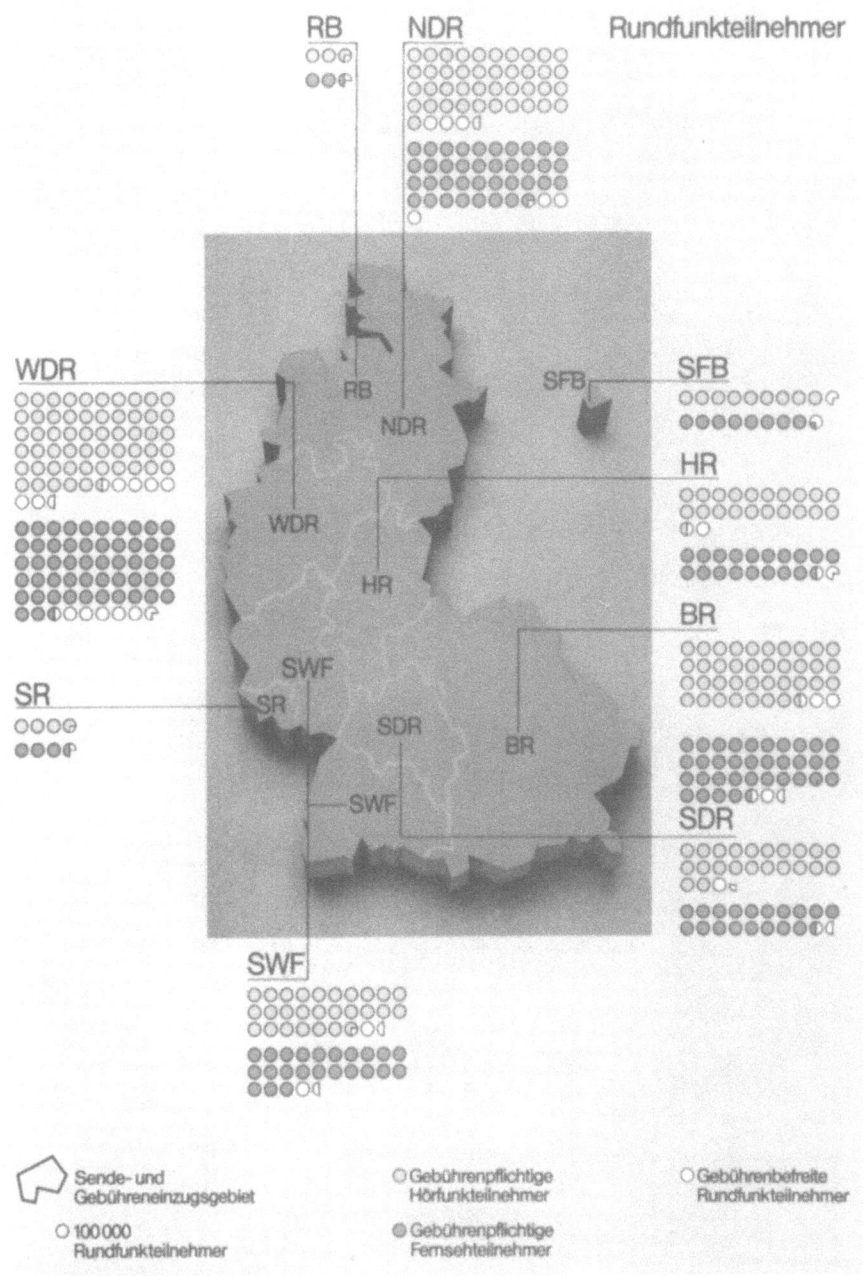

Quelle: ARD-Jahrbuch 1982.

Landesrundfunkanstalten
Finanzausgleich der ARD
nach Aufbringung und Verwendung

Anlage 4 Finanzstatistik 1981
Grafik 5

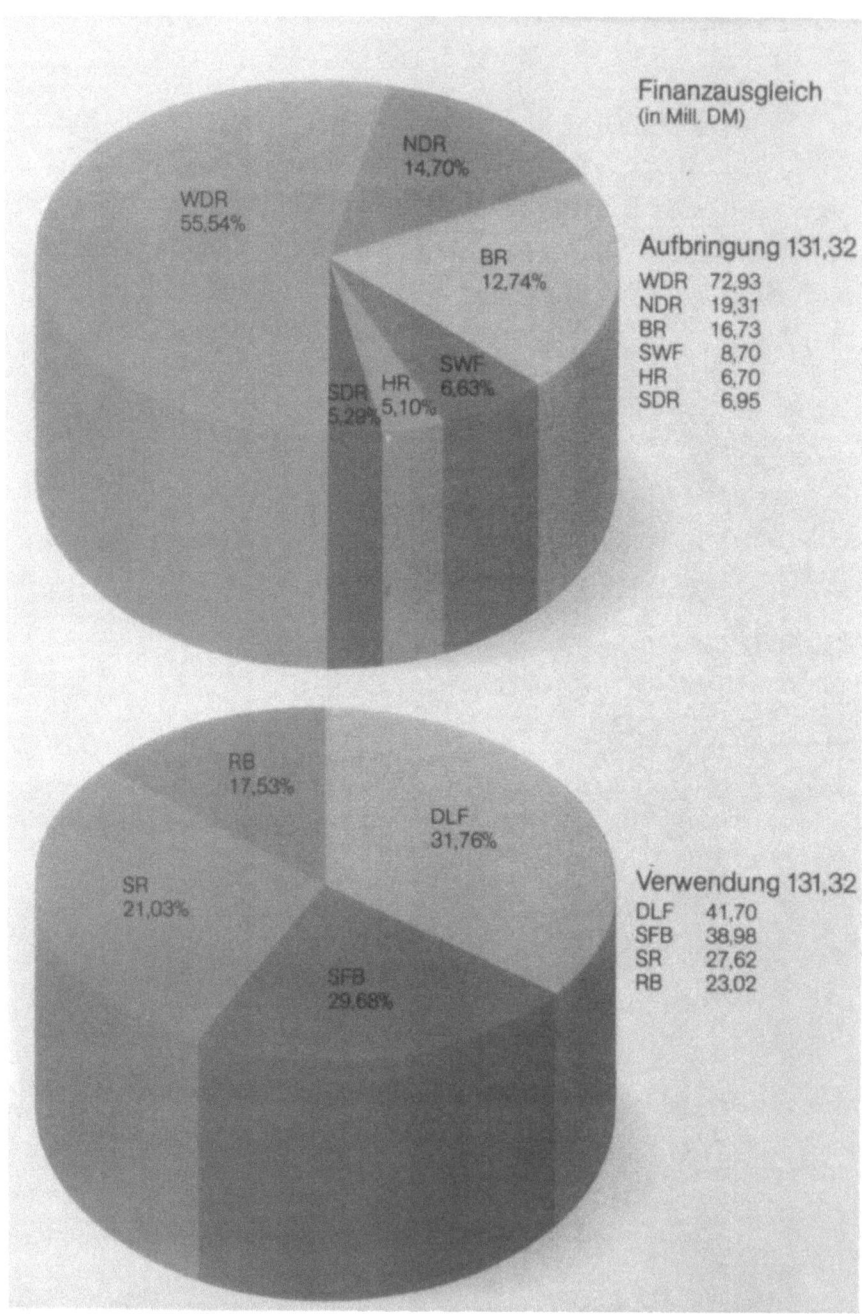

Quelle: ARD-Jahrbuch 1982.

Anlage 5

Werbegesellschaften
Werbefunk
Umsätze

Werbegesellschaft (Rundfunkanstalt)	Bayerische Rundfunkwerbung (BR) DM	Berliner Werbefunk (SFB) DM	Deutsche Funkwerbung (SWF) DM	Norddeutsche Funkwerbung (RB) DM
Brutto	100 994 058	23 917 885	85 790 205	34 988 415
·/. Rabatte	8 342 655	2 095 375	7 810 048	4 023 260
·/. Vergütungen	13 882 469	3 286 327	11 652 042	4 652 958
Netto vor Skonti	78 768 934	18 536 183	66 328 114	26 312 196
·/. Skonti	1 539 071	−362 384	1 299 948	518 358
Netto	77 229 863	18 173 799	65 028 167	25 793 838

Werbegesellschaften
Werbefernsehen
Umsätze

Werbegesellschaft (Rundfunkanstalt)	Bayerische Rundfunkwerbung (BR) DM	Berliner Werbefunk (SFB) DM	Norddeutsche Funkwerbung (RB) DM	NDR-Werbeferns. und Werbefunk (NDR) DM
Brutto	103 211 976	61 240 180	22 343 944	165 701 780
·/. Rabatte	4 424 822	4 309 757	1 623 251	6 387 924
·/. Vergütungen	14 832 388	8 547 004	3 106 733	23 897 082
Netto vor Skonti	83 954 766	48 383 419	17 613 960	135 416 774
·/. Skonti	1 673 054	936 595	348 048	2 697 407
Netto	82 281 712	47 446 824	17 265 911	132 719 367

Werbegesellschaften
Werbefunk
Verkaufte Sendezeiten

Werbegesellschaft (Rundfunkanstalt)	Bayerische Rundfunkwerbung (BR) Min.	Berliner Werbefunk (SFB) Min.	Deutsche Funkwerbung (SWF) Min.	Norddeutsche Funkwerbung (RB) Min.
1. Programm	13 353	15 142	13 364	16 478
2. Programm	-	-	-	9 910
3. Programm	22 566	-	14 972	-
Gesamt	**35 919**	**15 142**	**28 336**	**26 388**

Fortsetzung der Tabelle umseitig

Werbestatistik 1981
Tabelle 1

NDR-Werbeferns. und Werbefunk (NDR) DM	Rundfunkwerbung Stuttgart (SDR) DM	Werbefunk Saar (SR) DM	Werbung im Rundfunk (HR) DM	Gesamt ARW DM
57 223 500	56 468 481	28 147 658	82 278 993	469 809 195
4 231 198	5 141 619	2 578 220	7 638 573	41 860 949
7 945 136	7 663 704	3 854 463	11 160 111	64 097 212
45 047.166	43 663 157	21 714 975	63 480 308	363 851 033
882 579	862 703	422 954	1 261 886	7 149 883
44 164 587	42 800 454	21 292 021	62 218 422	356 701 151

Werbestatistik 1981
Tabelle 2

Rundfunkwbg. Stuttgart (SDR) DM	Werbefunk Saar (SR) DM	Werbung im Rundfunk (HR) DM	Werbung im Südwestfunk (SWF) DM	Westdeutsches Werbefernsehen (WDR) DM	Gesamt ARW DM
70 990 855	32 956 700	69 381 300	70 990 855	291 125 894	887 943 482
5 155 358	2 488 346	4 887 531	5 155 358	10 906 333	45 338 680
9 875 324	4 570 254	9 674 067	9 875 324	42 032 938	126 411 114
55 960 172	25 898 100	54 819 702	55 960 172	238 186 622	716 193 688
1 116 659	515 103	1 095 351	1 116 659	4 725 945	14 224 822
54 843 513	25 382 996	53 724 351	54 843 513	233 460 677	701 968 867

Werbestatistik 1981
Tabelle 3

NDR-Werbeferns. und Werbefunk (NDR) Min.	Rundfunkwerbung Stuttgart (SDR) Min.	Werbefunk Saar (SR) Min.	Werbung im Rundfunk (HR) Min.	Gesamt ARW Min.
-	16 901	14 636	9 965	99 839
12 714	-	-	-	22 624
-	6 701	14 145	20 455	78 839
12 714	**23 602**	**28 781**	**30 420**	**201 302**

Quelle: ARD-Jahrbuch 1982.

Printed by Libri Plureos GmbH
in Hamburg, Germany